Collection **marabout service**

Afin de vous informer de toutes ses publications, **marabout** édite des catalogues et prospectus où sont annoncés, régulièrement, les nombreux ouvrages qui vous intéressent. Pour les obtenir gracieusement, il suffit de nous envoyer votre carte de visite ou simple carte postale mentionnant vos nom et adresse, aux Nouvelles Editions Marabout, 65, rue de Limbourg, B-4800 Verviers (Belgique).

Nos remerciements vont à Nicole qui a eu l'idée de ce livre, à Françoise, Régine, Michel, Ninette, Luc et les autres qui se sont amusés avec nous.

Afin de vous informer de tous nos ouvrages et de répertorier toute nos nouveautés, ... photographie, les documents qu'il comporte, les illustrations qu'il ... nouveauté. Pour les obtenir gratuitement, il suffit de nous en faire votre ... de l'adresse exacte ... éditions Marabout, ... rue de l'Industrie, B-1400 Nivelles (Belgique).

Claire De Prémont
Paule Mouturat

Le guide marabout
des noms de chiens

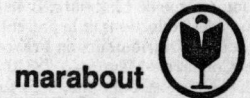

marabout

Toute reproduction d'un extrait quelconque de ce livre par quelque procédé que ce soit, et notamment par photocopie ou microfilm est interdite sans autorisation écrite de l'éditeur.

Les collections **marabout** sont éditées par la S.A. Les Nouvelles Éditions Marabout, 65, rue de Limbourg, B-4800 Verviers (Belgique). — Le label **marabout**, les titres des collections et la présentation des volumes sont déposés conformément à la loi. — Distributeurs en **France** : HACHETTE s.a., Avenue Gutenberg. Z.A. de Coignières-Maurepas, 78310 Maurepas, B.P. 154 — pour le **Canada** et les **États-Unis** : A.D.P. Inc. 955, rue Amherst, Montréal 132, P.Q. Canada — en **Suisse** : Office du Livre, 101, route de Villars, 1701 Fribourg.

Un os à ronger...
... en guise de préface

Pourquoi ce livre? Un jour, une idée lancée... et pourquoi pas? Si tous les chiens s'appellent Bobby, Diane ou Sultan... cela devient monotone.

Par jeu, nous avons commencé à écrire des noms de chiens, à les associer... Certains noms nous ont fait penser à des noms de chiens bien déterminés. Mais il y a aussi le jeu des contrastes et appeler Blanche-Neige un chien tout noir est une idée comme une autre.

Il y a dans ce livre environ 1500 noms avec leurs déclinaisons et leurs changements de sexe dans certains cas. Ce n'est cependant qu'un début, car nous avons sûrement oublié des noms tout à fait habituels et vous en découvrirez d'autres par association d'idées.

Nous nous étions fixé 1000 noms et nous nous sommes arrêtés à 1500... et encore avec beaucoup de regrets.

Le commentaire qui accompagne chaque nom est destiné à vous aider dans votre choix, en fonction du chien, mais aussi à défouler les auteurs qui règlent quelques comptes bien anodins.

Si vous avez plusieurs chiens, même d'âges différents, pourquoi ne pas rechercher des noms dans la mythologie, les constellations ou les signes du zodiaque...

Nous appelons cette préface «un os à ronger», car nous avons dégrossi, préparé le terrain, à vous de continuer ce jeu passionnant!

Ce livre, placé sous le signe de la fantaisie, nous a amusés à la rédaction, puisse-t-il vous faire sourire à la lecture!

Abélard

Pour un mâle, de bonne race, et amoureux d'une éternelle Héloïse.

Abricot

Pour un *caniche* de couleur miel.
Convient aussi pour un petit chien un peu rétréci, en pensant aux abricots secs...

Achille

J'ai connu un *cocker* qui se nommait Achille.
En d'autres temps, je verrais un chien plus important et ayant fière allure.

Adam

Il fut le premier homme mais certes pas le premier chien.
Adam convient particulièrement à un grand et costaud
chien de garde.

Adonis

Pour un grand chien élégant ; un *lévrier*, un *setter*...
Méfiez-vous d'en faire un chien imbu de sa personne !

Agate

Pour une chienne précieuse, un rien sophistiquée.
Je vois un *yorkshire*, un *caniche nain* ou même une
levrette.

Agatha

Plus simple qu'Agate, ce nom convient mieux à une
chienne sans grand pedigree.
Trois syllabes sont cependant plus difficiles à prononcer
pour l'appel que deux ; d'où **Aga**...

Aglaë

Pour une chienne fidèle, sans grande envergure, mais
sûre.
Aglaë vous suivra partout, sans problèmes, sans encom-
bres.

Airbus

Nom tout trouvé pour un *teckel* ou un *basset artésien* !
Un chien court sur pattes mais important dans votre vie.

Ajax

Pour un grand chien un peu sauvage, du genre invicible.
Ce nom mérite une certaine classe et un rien de fierté.

Akim

Pour un chien moyen, pas trop important, mais qui soit
un gardien sûr et fidèle.
Ne vous méprenez pas sur ce nom, c'est le nom d'un
fidèle, d'un dévoué.

Al

Qui est Al ? Qu'il vienne d'un des diminutifs du prénom
Albert, ou que vous l'ayez choisi à cause d'Al Capone,
c'est le nom d'un chien puissant et beau.

Aladin

Ce sera plutôt le nom d'un petit chien de chasse ou de
compagnie ; ayant la finesse de celui qui a trouvé le secret
de la lampe merveilleuse.

Alambic

C'est le nom du plus parfait bâtard ; celui qui représente deux ou plusieurs races, mais avec brio !
C'est le sympathique chien de tous.

Alan

Plus snob, cette version anglaise du prénom Alain convient très bien à un chien de chasse.

Alarm(e)

Que ce soit Alarm en anglais ou Alarme en français, quoi de plus logique que d'attribuer ce nom à un chien de garde et de défense !

Alceste

Pour le chien d'un acteur ou d'un ancien élève du conservatoire ; ce nom rappelle l'amoureux triste et irritable d'une pièce de Molière.

Aldo

Que ce soit le prénom d'un important entrepreneur belge ou celui de cet amoureux téméraire du «Rivage des Syrtes» de Julien Gracq ; ce nom convient le mieux à un grand chien de compagnie

Alec

Guiness ou autres... ce nom peut s'adapter à un chien petit ou moyen, mais drôle et vif.

Alf

Pour un grand chien, posé et respectable.
Ce nom claque comme un ordre sans réplique.
Plus doux : **Alphie**...

Alfa

Pour une femelle de belle stature et n'ignorant pas ce qu'est un ordre.
Ce nom claque et résonne implacable !

Ali (-Baba)

Ali ou Ali Baba pour un chien drôle et vif, qu'il soit de race ou corniaud, pour autant qu'il soit intelligent.

Alibi

C'est le chien que l'on promène pour avoir l'occasion de sortir d'un foyer trop étouffant.
Ce n'est qu'un prétexte, ma foi fort sympathique !

Alix

Ce héros de bandes dessinées qui défia César, ne peut s'assimiler qu'à un grand chien vif et débrouillard.

Altesse

Pour une chienne de race ayant fière allure : *lévrier afghan, setter gordon* ou *labrador.*

Amazone

Du même genre qu'Altesse, ne s'adresse pas à n'importe quelle chienne. Racée, vive et un peu indépendante ; cela convient bien.

Ambigu

On ne connaît pas bien ses origines.
Il a un air drôle et malin. Personne, sauf lui, ne sait où il va ; mais il y arrivera.

Ambre

Pour un chien de salon ou une chienne de race moyenne. La couleur est brun clair, l'œil est vif.

Améthyste

Pour un *caniche* gris-mauve, de petite taille, précieux et

bien vivant.
C'est un joyau comme un autre. Vous l'associerez à des noms de pierres et de bijoux.

Amidon

Pour un chien moyen, au poil raide.
Que ce soit un *cairn-terrier* ou un *fox à poil dur*.

Amok

Pour un grand chien vigoureux. Un chien de garde ou un chien d'arrêt.
C'est un fantôme, un revenant... un chien que l'on n'oublie pas!

Amorce

C'est le petit chien d'une aguicheuse ou tout simplement d'une dame de trottoir, ou peut-être celui d'un pécheur devant l'éternel!

Andouille

Ce peut être soit un chien court sur pattes (du genre saucisse à pattes) soit un grand chien pas bien malin.

Angine

Que ce nom vienne d'ange ou d'une maladie bénigne, c'est celui d'un chien qui ne vous quittera plus.

Anny

Anny, **Anne** ou **Annette**... c'est une femelle pas compliquée mais vive et spirituelle.

Anonyme

Pour un chien trouvé, gentil et discret.
Mâle ou femelle, c'est un nom passe-partout.

Antenne

Pour un chien de garde qui réagit devant chaque intrus.
Vous rencontrerez dans ce livre, une multitude de noms concernant les chiens de garde.

Antigel

C'est un chien à fourrure touffue ; un *chow-chow* ou un *loulou* porteront à merveille ce nom.

Antivol

Encore un chien de garde ; qu'il soit grand ou petit, il gardera jalousement votre voiture !

Aplati

Pour un *teckel* ou un *basset*.

Pour une prononciation plus rapide, on pourra se limiter à **Aplat**.

Apollon

Evoquant la beauté, voici un nom qui va comme un gant à un *berger allemand* de fière allure.

Apostrophe

D'une émission célèbre, ce nom convient à un chien vif et sans complexes. Qu'il soit bâtard ou à pedigree; du moment qu'il est intelligent... on lui pardonne tout.

Appendice

Une femelle un peu courtaude.
Le corniaud, que l'on possède à côté d'un chien de race (quelquefois stupide), portera bien ce nom.

Arbalète

Un *lévrier* femelle rapide comme le carreau que projette l'arbalète, ou une solide chienne de chasse.

Archibald

Saint Archibald fut évêque de Londres, et ce nom impersonnel, convient assez bien à un *setter* ou à un *lévrier afghan* à la noble démarche.

Archie

Pour un *basset artésien*, noble mais plus petit qu'Archibald dont il est le diminutif.

Ardan

Dans l'œuvre de Jules Verne, Michel Ardan est allé sur la lune.
Dans la nichée, il convient au mâle d'une race de gardien ou de défense.

Ardoise

Pour une chienne de couleur grise, que ce soit un *caniche* ou un *schnauzer*; c'est la teinte ardoise qui compte.

Arête

Pour une chienne frêle et fragile; un peu décharnée : *pinsher* ou autre...

Argan

Pour un chien de garde vigoureux et plein d'allant. Science-fiction, extra-terrestres... Argan nous projette dans l'univers!

16

Argus

C'est le nom d'une attachée de presse dans l'édition.
Il est bon à toutes les sauces, pourvu qu'il soit fidèle.

Ariane

C'est une chienne de classe ou de chasse, car son fil la
ramène toujours vers son maître.

Arlequin

Qu'il soit «poli par l'amour» ou non, c'est un joli nom
pour un *fox* ou un simple chien de rue.
Il sera drôle et aura de la répartie.

Arnolphe

Un grand chien élégant mais pas toujours très subtil,
portera bien ce nom.
Rappelez-vous Molière et «l'école des femmes»...

Arnou

Arnou est plus vif qu'Arnolphe. Il est intrépide, c'est un
chien de garde ou d'attaque.
Comme **Arnaud** : sans peur et sans reproche.

17

Arsouille

C'est le chien malin auquel rien n'échappe ; ni le jupon qui dépasse, ni la poubelle du voisin.
S'il n'est pas toujours racé, il sera cependant la source permanente de gags.

Artaban

Fier comme... pour un *lévrier*, un *setter gordon*, un *boxer* ou un *berger* ; c'est un nom passe-partout pour un grand chien.

Artagnan

«Les quatre mousquetaires...» cela ne vous rappelle rien ? Que vous n'ayez que celui-ci ou que vous ayez aussi **Aramis, Porthos** et **Athos**... pourquoi pas ?

Artichaut

Pour un chien au poil touffu... même s'il n'est pas de la race la plus pure.
Si trois syllabes sont trop longues, vous pourrez toujours simplifier : **Artie** ou **tichaut**...

Artiste

Pour un chien qui ne manque pas de fantaisie ou pour un chien de fonctionnaire. Pourquoi ne pas rechercher ce quelque chose d'autre ?

Aspic

Restons dans les chiens vifs et débrouillards avec ce nom qui ne manque pas de punch.

Aspirine

Pour une chienne toute blanche et pas trop grande.
Si le nom est trop long, limitez-vous à **Aspi**.

Astérix

Si vous avez le goût des bandes dessinées et si vous avez un petit chien vif et efficace.
Vous pouvez y associer **Idéfix** et **Obélix** (pour un chien plus important).

Asti

Pour un chien pétillant (spumante) et plein de malice.
Mais mieux encore...

Asticot

C'est celui qui vous fera enrager quelquefois mais dont vous apprécierez toujours les facéties.
Un petit chien vif et espiègle.

Astrakan

Si votre chien est tout bouclé, tout noir, sa fourrure vous inspirera peut-être ce nom?
Un caniche nain ou *royal*.

Astuce

Un *fox*, un *teckel* ou un *cocker*... pourquoi pas? Du moment qu'il est malin.

Atchoum

Blanche-Neige et les sept nains... Souvenez-vous!
Un petit chien sympathique... c'est une idée comme une autre.

Athos

Un grand chien de garde ou de défense; un mousquetaire, même si vous n'avez pas les trois autres (d'**Artagnan, Aramis, Porthos**).

Atome

Un petit chien qui fait beaucoup de bruit.
Rien ne vous empêchera de l'appeler **Tom**.

Attila

Si vous aimez l'histoire ou les tragédies de Corneille.

votre chien ainsi nommé passera des heures à vos pieds, même s'il est à ses moments un gardien redoutable.

Avatar

C'est un peu le chien catastrophe, celui qui est un peu lourdaud et maladroit. Dites-vous qu'avec l'âge cela passera.

Axel

Ce prénom nordique convient à un grand chien : *saint-bernard, berger, boxer, bouledogue...*

Azimut

C'est un chien plus petit, vif et rapide... qui se déplace tous azimuts.
Que ce soit un *caniche nain* ou un *pinscher...*

Azor

C'est à nouveau le nom d'un grand chien de garde sûr et de confiance. S'associe très bien avec **Médor**.

Babeth

Que ce soit à l'anglaise comme ici ou à la française, en **Babette** je vois un *yorkshire*, un nœud rose dans le toupet.

Babette

Convient comme le précédent à une petite chienne.
On pourrait aussi bien dire **Bobette** et l'associer à **Bob** comme dans la bande dessinée «Bob et Bobette»...

Bâbord

C'est le chien d'un marin ou tout simplement d'un plaisancier.
A associer avec **Tribord**...

Babs

C'est une chienne jolie comme un cœur.
Même si son nom vient du prénom Barbe, elle doit être
vive et sympathique.

Baby

Une chienne petite et vive qui peut être celle d'un gyné-
cologue, comme celle d'une péripathéticienne...

Bacchus

C'est le nom d'un grand chien, bon vivant et sociable.
Celui qui grimpe sur vos genoux, vous donne une grosse
lèche.

Bagatelle

Sera une chienne de luxe, de salon.
Elle conviendra très bien, Messieurs, à cette chienne que
vous offrirez à votre petite amie...

Baladin

Qu'il soit de race ou non, je vois mieux un chien mince et
intelligent. De ceux qui réalisent des tours et des jeux
d'adresse.

Baldus

Un gros et bon chien répondrait bien à ce nom.
Est-ce une forme nordique de notre prénom Baudouin?

Balmy

Est-ce une chienne affectueuse? (signifie douce en anglais).
S'harmoniserait très bien à une chienne *épagneul breton, setter*... au poil soyeux et doux.

Balourd

Pour un *bouledogue* ou un *carlin*... un chien pas trop grand mais massif ou *mastiff*...

Balsamo

Pour un grand chien calme et sûr. Qu'il soit de garde ou de chasse.
Pour ceux qui ont appris l'histoire de France, vue par Alexandre Dumas.

Balthazar

Comme un roi Mage...
Un *labrador* noir s'appelant Balthazar ou un *malinois* éventuellement, un grand chien noir de préférence.

Bambi

Quel merveilleux dessin animé! On ne peut voir qu'une *levrette* ou une jolie chienne de chasse gracieuse.

Bambou

Pour un chien souple et élégant de taille moyenne.
Même pour un petit chien mince ou chinois...

Bandit

Original pour un grand chien de garde ou pour un petit chien astucieux et vif.
Et pourquoi pas la version à l'italienne : **Bandito**...

Banjo

Cet instrument n'a pas l'importance d'une contrebasse; nom à garder pour un chien petit ou moyen mais pas pour un chien de salon.

Baratin

Un petit *caniche* ou un *yorkshire* mâle porteront très bien ce nom, un peu cajoleur.

Barbarella

Pour une femelle ou un chien plutôt petit; elle portera ce

nom d'une bande dessinée célèbre et sera sûrement un peu coquine!

Bardamu

Pour un amoureux de Céline, ce nom d'un héros picaresque convient à un chien de race, comme au meilleur des bâtards.

Barmy

C'est l'équivalent anglais de ce que nous appellerions **Foufou** ou plutôt **Fofolle**.
Proche phonétiquement, **Barmaid** pour une petite chienne de bistrot.

Baron

Pour un grand chien racé, ce nom ne manque pas d'un certain panache; il faut que le chien en ait aussi!

Baronne

Comme **Baron**, ne se porte pas par n'importe quelle chienne.
Cependant celle-ci peut être plus petite, plus menue...

Baroudeur

Celui-là roulera sa bosse n'importe où! Pour un chien de

rue, brute au grand cœur ou un grand chien du genre sympathique.

Baryton

S'il a un bon organe et s'il est un peu costaud ; la voix de son maître en quelque sorte...
S'il est plus fluet, et si cela vous chante, voyez plutôt **Soprano** !

Basile

C'est le chien fidèle, le bon compagnon.
Ce nom convient au compagnon d'un cadre d'entreprise...

Baudoche

Pour une chienne taquine et amusante.
Colette Baudoche est une héroïne de Maurice Barrès.

Bazan

On imagine plus facilement un grand chien racé.
Dans Ruy Blas, c'est Don Salluste de Bazan.

Bazooka

Il fonce, il tire, il est un peu sauvage, tout feu tout

flamme mais bien vivant. Convient au mâle comme à la femelle.

Beaker

En anglais, gobelet pour cocktail; pas mal pour le mélange parfait de ce chien qui tient un peu de chaque race et qui n'est ni grand, ni petit.

Bébert

Pour le chien du chauffeur d'omnibus ou pour celui qui viendra vous attendre fidèlement chaque soir à l'arrêt du bus.
Il n'a pas besoin d'un grand pedigree, son nom lui suffit pour plaire.

Bécassine

Elle n'avait pas l'air d'avoir inventé la poudre, cette Bretonne aux gros sabots et pourtant il ne faut pas s'y tromper!
Pour une femelle *épagneul breton* par exemple.

Béguin

Pour un joli cœur de salon ou pour un chien moyen.
Béguine conviendra mieux à une chienne calme et sage... respectable.

Bella

Pour une belle grande chienne ; ce nom lui fera faire des ravages.
A offrir à une Elizabeth.

Bellamy

Pour un amateur de romans policiers... Son chien lui rappellera Peter Cheney.
Convient à un chien de taille moyenne.

Belle

Comme Bella, pour une chienne moyenne ou plutôt grande.
Les chiens aussi possèdent leurs couples célèbres, et si Belle a un compagnon, n'hésitez pas à le nommer **Clochard**...

Belly

Toujours pour une chienne mais qui pourrait être plus petite que Belle ou Bella.
En anglais, cela signifie ventre, bedon...

Belphégor

Un feuilleton télévisé... un nom : Belphégor, personnage sorti des enfers qui pourrait très bien donner son nom à un chien (ou à une chienne) à l'allure et au regard un peu sataniques!

Belzébuth

Comme Belphégor, pour un chien ou une chienne infernaux, mais éventuellement de plus petit format

Bémol

Un musicien aimera donner cette note de fantaisie à un chien tout en douceur et tout en rondeurs...

Ben Hur

C'est pour un dur; un chien de garde : *berger, bouvier, doberman*...
C'est aussi un héros de Lewis Wallace.

Bénito

Pour un amateur d'art italien.
Pour un nommé Benoît.
Convient à n'importe quel chien sauf trop petit.

Benjamin

Pour le dernier né d'une nichée.
Pour un chien assez petit mais très charmeur et très espiègle.

Bérangère

Pour une jolie chienne de petite taille ou de taille moyenne.
On pourrait aussi imaginer **Béranger** pour un mâle, mais cela sonne moins bien.

Berlingot

Pour un tout petit chien de compagnie, ce nom de bonbon le rendra certainement espiègle.

Bert

Cette forme germanique de Robert convient à un grand chien de garde ou à la limite à un *braque*.

Bertha

La mémorable «grosse Bertha» peut influencer le choix de ce nom si votre chienne est d'un volume important et impressionnant !

Berthe

«Berthe aux grands pieds» ou aux grandes pattes... ce nom conviendra très bien à votre chienne surtout si elle est un peu gauche.

Bessy

Pour une jolie chienne noire, vous préférerez peut-être **Bessie**, en souvenir de la célèbre chanteuse noire Bessie Smith.
Ce nom sonne très joliment.

Bianca

Si vous aimez les dessins animés et si vous avez une chienne blanche : ce nom lui adoucira l'existence.

Bibelot

Pour un petit chien mâle *yorkshire* ou une autre race de salon, c'est parfait.

Bidule

Un petit malicieux qui se faufile partout et ne prend pas beaucoup de place... si ce n'est dans votre vie.

Bielle

Il est costaud et roule les mécaniques.
C'est peut-être le chien d'un garagiste. Il ne faut surtout pas qu'il (ou elle) coule...

Big Bill

Un bon gros chien, pas lumineux mais fidèle.
S'il fait beaucoup de bruit, il n'est pas dangereux.

Bigoudi

Pour un chien de salon, un peu fragile, un caniche mâle
ou femelle tout frisé.
Et s'il sent bon la Bretagne, vous pourrez en faire une
Bigoudine.

Big Wig

C'est l'équivalent de «grosse légume» en anglais, ce sera
aussi un grand chien un peu bonasse et gourmand.

Bijou

Ce nom sied à un petit chien sympathique et **caressant.**
On verrait assez mal un *berger allemand* s'appelant
Bijou.
Si vous avez deux chiens de la même année, vous pourrez
y associer **Bonbon**; d'années différentes ou par plaisir :
trésor, joyau...

Bikini

Pour le *caniche* que vous tondrez régulièrement; qu'il
soit mâle ou femelle.

Bill

Un bon gros chien, pas agressif pour un sou, mais dont l'aspect fera fuir les maraudeurs.

Billy (the Kid)

Il dégaine vite, il aboie sec...
Son galop résonne dans la maison, sa course est rapide.

Bingo

Un peu fanfaron, c'est plus le nom de votre compagnon de salon que celui d'un gardien.

Binôme

C'est le chien d'un mathématicien.
Non pas un chien à «problèmes» mais qui se devra de devenir intelligent...

Biplan

Il vole bas... en rase motte.
Ce sera le nom d'un *basset* ou d'un *teckel*.

Biscotte

Une chienne précieuse, un peu arsouille.
Ne la laissez surtout pas au régime de son nom!

Bistouri

Le chien vif d'un chirurgien.
Il a le nez pointu... peut-être un chien de chasse ayant du flair.

Bitch

Un chien qui répond vite, un peu rosse.
Le mot signifie «garce» en anglais.

Black

Il est tout noir... ou tout blanc. Il est costaud et répond au claquement de son nom.

Blanche-Neige

C'est un petit caniche blanc ... ou noir.
Méfiez-vous de sa portée, vous pourriez avoir sept petits!

Blanchette

C'est une vache au départ... Ce sera peut-être votre chienne de garde ou de troupeau.

Blandine

Elle est féérique, mince et élégante. De grands yeux attendrissants, une démarche ondoyante.

Blandy

Pour un petit *caniche* miel, un *pékinois* ou un *loulou*.
Ce sera un chien de compagnie parfait.

Blend

C'est le mélange parfait; toute une généalogie de
bâtard... mais le meilleur des compagnons.

Blondie

Une femelle *pékinois* ou un *caniche nain*, couleur miel.
Si vous avez un autre chien, vous pourrez l'appeler **Illico**.

Bluff

Chien fanfaron qui aboie quand il ne faut pas!
Mais complice de ses maîtres pour faire mille sottises.

Bob

C'est le chien d'un policier (bobby en anglais).
Il est grand, fort et calme... imperturbable.

Bobby

C'est le chien de tout le monde et de personne.
De taille moyenne et de couleur indéfinie.

Bobêche

Chien peu lumineux! Tranquille et amateur de coins de feux.
Un peu têtu, un peu capricieux mais gentil tout plein.

Bobette

C'est la femelle du **Bob** comme dans les bandes dessinées.
C'est une petite chienne drôle et gentille.

Bobine

A tendance à baver.
Fait souvent le va et vient dans la maison.
Une gueule rigolote.

Bof

Il ne se frappe pas, c'est un placide.
Un bon gros chien sûr de sa force, mais pas inutilement agressif.

Bolide

Il court vite... n'importe où mais surtout vers un gros os!
Il a tendance à tourner en rond.

Bonbon

Petit *caniche* précieux, parfois acidulé. Couleur rose ou pastel.
Gentil, mignon, qui fond de tendresse sous les caresses et fait fondre ses maîtres...

Bonhomme

Sa bonté le perdra ; il donne même son os au premier compagnon venu.
Mais il ne faut pas s'y méprendre, il a de la réserve.

Bonnard

Fin limier ou auteur du crime parfait... Sylvestre Bonnard est un héros d'Anatole France.

Bony

En anglais cela signifie osseux ou osseuse. Je vois une chienne fine limière...
Si elle a un compagnon, vous pourrez l'appeler **Clyde..**

Borgia

Il est beau, sévère et aboie avec noblesse mais il est bourré de vices !
Attention à ses amours tumultueuses. Sa compagne s'appellera **Lucrèce.**

Boris

Il aboie avec un accent russe. Fort, fidèle, social, bourru.
Adore les pâtées au caviar et à la vodka.
Peut être chien de traîneau.

Bouboule

Chien tout rond, gourmand et poilu. Dort tout le temps.
Assez susceptible car se met souvent en boule.

Bouchon

C'est le nom d'un *bichon*, d'un *caniche* ou d'un *york-shire*.
Il saute et pétille!

Bouclette

Elle est frisée comme un mouton!
Si c'est un *caniche*, il ne faudra pas le tondre régulière-ment pour lui laisser la personnalité de son nom.

Boule

Joueuse, gourmande, ventrue et adorable.
Appelez Boule, son compagnon **Bill** ne sera pas loin!

Boulot

Bon comme le pain, courageux, un peu simplet.

Mastic, mastoc; sait porter les paniers et les journaux dans sa gueule.

Bouquin

C'est le chien d'un écrivain, d'un éditeur.
Son maître lui fait lécher son doigt pour tourner les pages!

Bouvard

C'est un chien petit, un peu hargneux... qui aboie beaucoup.
Vous pouvez l'associer à **Pécuchet**.

Bowling

Se roule en boule.
On peut jouer avec lui mais il renverse les quilles tant il est maladroit.

Boy

C'est le nom d'un grand molosse de chien et historiquement celui du chien du neveu de Charles 1er, mort comme son maître à la bataille de Marston Moor (Ecosse).

Bragelonne

C'est un vicomte, un chien de classe, grand et racé.
Son nom se doit d'être bien porté.

Brake

Fait de la poussière en courant.
Gros chien obéissant.
Amateur de chasse, de course et de combat de boxe...
avec son maître.

Brandy

A toujours soif.·
Mondain et joueur. Chien de classe.

Bravache

Chien de garde; courageux quand il ne faut pas, tout
mignon quand il le faudrait.
Elégant et aboyeur avec mondanité!

Bravo

Un des sept nains, va très bien avec une chienne **Blanche-
Neige.**
Il est amusant, un peu canaille.

Bredouille

Chien de chasse : du moins le prétend !
Tellement gentil qu'on lui pardonne ses frasques.

Brick

Chien animé ; compagnon distrayant.
Amateur de grandes vadrouilles. Disparaît quand on a
besoin de lui et réapparaît par enchantement.

Bricole

Fouineur, petit chien vif et alerte.
A offrir à un bricoleur, même s'il est maladroit !

Bridget

Vient de Brigitte. Petite chienne snob et bien élevée ; a
tant de succès qu'elle ramasse tous les chiens dans son
sillage.

Brigand

Chien de rue, voleur de poubelles, généreux de ses
caresses.

Brioche

Un chien roux comme une brioche bien dorée.
Peut-être un peu ventru !

Broutille

Une petite chienne discrète mais aimante.
Sans race ou avec pedigree, elle sera votre double.

Brunet

Aime « les chemins de la liberté », est tout brun, petit et
gentil.
C'est un chien existentialiste.

Bruno

Couleur brun, noir, marron. Petit chien serviable, plutôt
timide. Conviendrait à un petit *caniche*.

Brutus

Un grand chien placide dont seul le nom fait peur.
Il serait insolite de nommer ainsi un *yorkshire*.

Buck

C'est un lapin mâle en anglais. C'est aussi le nom d'un

pilote émérite de bandes dessinées.
Si vous avez une chienne, vous pouvez l'appeler **Dany**!

Buffalo ou *Buff*

C'est le compagnon de **Bill**.
Un chien costaud, un *bouledogue* par exemple ou un *mastiff*....

Bulle

Elle bondit, légère, aérienne...
C'est pour une petite chienne rondelette, espiègle et affectueuse.

Bullit

Héroïne du «Lion» de Joseph Kessel, on voit une chienne moyenne, un peu espiègle.

Bully

Un chien (ou une chienne) plus gros, bien dans sa peau et sans complexe.
En anglais cela signifie brute.

Bunny

C'est le chien d'un bon vivant qui aime le «Jeannot Lapin» de Playboy.
Que ce soit un mâle ou une femelle, ce doit être un chien bien vivant.

Bushy

Au poil touffu, un *schnauzer* ou un *griffon*.
En anglais Bushy veut dire broussailleux.

Butler

C'est le maître d'hôtel anglais.
J'imagine un *labrador* noir avec une petite tache blanche
au plastron.

Button

C'est un petit chien vif et pétillant, à la truffe brillante.
En anglais cela signifie bouton.

Byzance

C'est une superbe chienne, grande, racée.
Tous les mâles la recherchent, elle dédaigne... un peu
snob.

Cabot

Pas très original mais amusant pour un chien de race mal définie.

Cabotin

Pour un mâle ou **Cabotine** pour une femelle.
Ce nom convient pour des chiens un peu fanfarons... ou pour le compagnon d'une vedette.

Cabri

Pour une chienne gracieuse et sautillante.
On verrait assez mal un *mastiff* s'appeler ainsi.

Cabriole

Encore pour une chienne jouette et sympathique.
Cabriolet est un peu long à prononcer mais pourrait
convenir à un chien de course racé.

Cactus

Pour un *fox à poils durs* ou un *griffon*... éventuellement
un *schnauzer*.
C'est le nom d'un chien tous poils dehors.

Cadet

C'est le dernier de la nichée... ou de votre famille.
C'est le petit chien déluré et affectueux.

Cagibi

Encore un petit chien ou une petite chienne.
C'est pour un modèle très réduit.

Cagliostro

Pour un grand chien cette fois, un *terreneuve* ou un
groenendael.
C'est un chien de garde à associer avec **Balsamo** éventuellement.

Cagnotte

Pour la chienne d'une joueuse de cartes ou d'une épargnante.
Ce sera une chienne de petite ou moyenne taille.

Calamity

C'est la chienne catastrophe, celle qui bouscule tout sur son passage.
Si vous en possédez une autre, vous pourrez toujours l'appeler **Jane**!

Caligula

C'est une grande chienne de garde, celle qui fera peur aux maraudeurs.

Câlin

Petit chien de salon, affectueux et doux.
Eventuellement un *cocker*, car ils sont souvent très câlins.

Câline

Voir câlin, mais en femelle, peut déjà désigner une chienne plus grande si elle est toute douceur.

Calorie

Un maître au régime et cependant plein d'humour, pourra appeler ainsi sa chienne !
Elle aura de préférence un poil fourrure.
Evidemment pour un *teckel* cela fera **basse calorie** !

Calypso

Convient à un chien amusant et tacheté, surtout si les taches sont irrégulières et lui donnent un air de clown.

Cambouis

Un garagiste pourrait posséder un tel chien, surtout s'il est noir ou marron.
Convient pour un chien moyen ou déjà plus grand.

Caméléon

Pour un petit chien de race et de couleur indéfinie.

Camelot

Pour un chien fanfaron et remuant, celui par exemple d'un représentant de commerce.
Il ne serait pas gentil d'appeler la femelle **Camelotte** !

Camomille

Pour une chienne de teinte pastel, très calme et très douce... celle qui vous sert d'oreiller.

Canaille

Chien, ou chienne, vif et pétillant.
A ne pas appeler en public, cela vous attirerait de petits ennuis !

Candi

Pour une petite chienne de la même couleur.
Un *caniche* ou un *cocker*.

Candide

Si vous avez aimé Voltaire, vous donnerez ce nom à une chienne attendrissante, aux grands yeux doux, tout en étant un rien espiègle.

Caniche

J'ai un ami qui donne ce surnom aux chiens les plus invraisemblables. Pourquoi pas à un *doberman*... ce serait très drôle !

Canicule

Pour un chien à la fourrure touffue et laineuse.
Ou pour une chienne dont les chaleurs sont caniculaires.

Cannibale

Pour un *berger allemand* ou un grand chien plutôt vorace.
Il fera reculer plus d'un voleur!

Canular

Pour ce chien qui affiche une généalogie complète de bâtards et qui est si sympathique que vous n'avez pu lui résister.

Caprice

Pour une petite chienne de salon, qu'il soit de coiffure ou de beauté.

Capsule

Parfait pour un chien ou une chienne de bistrot.
Race indéterminée, de taille petite ou moyenne.

Capucine

Pour une femelle de race. Ce nom rappelle un manne-quin jadis célèbre.

Caramel

S'il est de couleur miel, votre *caniche* ou votre *cocker* portera bien ce nom.
S'associe avec d'autres noms de douceurs....

Carat

Chien précieux, s'il en est ; soit pour son aspect, soit pour son prix.
Un bijoutier ou un diamantaire pourra se permettre ce luxe !

Cardigan

Pour un *caniche* que vous veillerez à faire tondre selon le modèle.

Carême

Pour un chien au regard un peu triste, genre *basset artésien, danois* ou *saint-hubert*.

Cari

Pour un chien exotique ayant un charme piquant !
Pour un *chihuahua,* un *havanais*... que ce soit pour un mâle ou une femelle.

Carillon

Pour ce petit chien qui aboie beaucoup (genre *schipperke* ou *pinscher*).
C'est lui qui vous annoncera vos visiteurs !

Carlo

Pour un grand chien de garde.
Son nom résonne fièrement.

Carlos

Pour un bon, grand et gros chien.
C'est Carlo en plus arrondi, plus affectueux, plus chantant....

Carmen

Si votre grande chienne aboie juste et bien, si elle a le poil noir et le port altier... son œil noir vous regardera !

Carpette

C'est le grand chien qui adore s'étaler à vos pieds.
Mâle ou plutôt femelle, il se couche de toute sa longueur.

Cartouche

Un rien voleur (ou voleuse)... mais pour la bonne cause,

ou la bonne bouche.
C'est un *fox* ou un petit bâtard bien sympathique.

Casanova

C'est le chien altier, conquérant et séducteur par excellence.
Depuis le M.L.F. pourquoi ne pas donner ce nom à une jolie chienne.

Cassoulet

Un bon gros chien ou un gros *basset* (genre saucisse de Toulouse).
Un nom très chaleureux!

Castor

S'il a le poil brun gris, un peu feutré, votre chien sera casanier avec un tel nom.

Castro

Pour un grand chien de garde mâle (castré ou **non**), très fidèle! Ce nom claque bien.

Cat

Que ce soit le diminutif de Catherine ou tout simplement le mot anglais pour «chat», c'est amusant pour un chien.

Vous pouvez y associer **Félix** ou **Poussy**.

Catapulte

Pour un chien courant ou un chien du groupe des *lévriers*. Eventuellement même pour un chien de garde ou d'attaque.

Catch

Si sa silhouette doit tenir de la profession de catcheur, ce sera un *mastiff*, un *bouledogue* ... éventuellement un *boxer*.

Caton

Ce nom convient à un grand chien du genre philosophe. Pour une chienne, vous pouvez risquer **câtin**!

Catty

Signifie en anglais «méchant», «rosse» mais pour une chienne vous pouvez choisir également **Caty** qui vient de Catherine.
De taille moyenne et un peu coquine.

Cédille

Pour une toute petite chienne.
Pour un mâle, ce serait plutôt vexant.

Célia

Une femelle de taille moyenne ou déjà plus grande.
Ce nom vient de Cécile qui est une sainte particulièrement honorée en Suède.

Cendrillon

Je vois un joli *caniche* femelle, de taille moyenne et
soigneusement toilettée.
Prenez garde à ce qu'elle ne perde pas une de ses petites
bottes en hiver!

Cervelas

Pour un *basset*, un *teckel*... court sur pattes et amusant.

César

Un chien de garde efficace et obéissant.
Vous pouvez l'associer à **Jules** ou à **Marius** et **Fanny**.

Champion

C'est un chien de valeur par son pedigree ou par ses
performances.
Ce sera peut-être aussi le père de tous les bâtards du
quartier!

Chaperon

C'est le chien qui vous suivra partout et que l'on offrira de préférence à une adolescente.
Il sera grand et bon gardien, s'il est plus petit et plus dodu, vous pourrez l'appeler **Chapon**.

Charlatan et Charleston

Ces deux noms ont un peu la même consonance et pourraient désigner des mâles de taille moyenne, de race indéfinie, amusants et souples.

Charley

C'est déjà un plus grand chien, à la fois bon gardien et bon compagnon.
A l'organe puissant mais bonasse au fond.

Charlot

C'est un chien drôle, pas très grand et qui peut faire rire ou pleurer tant il est attendrissant et farfelu.

Chaton

C'est «mon petit chat», il ne faut pas qu'il soit trop grand.
Un *caniche*, un *bichon* font l'affaire.

Cherry

C'est une chienne douce, à croquer (comme son nom; cerise en anglais), mais c'est une réduction.

Chérubin

Est un ravissant chien de compagnie. Petit, affectueux et dépendant.
C'est le petit page des chiens.

Chichi

C'est un *chihuahua* ou un *bichon*...
Petit, mignon, mâle ou femelle.

Chick

Cela veut dire «poussin» en anglais.
C'est aussi un héros de Boris Vian dans «l'écume des jours».
Ce peut être le nom court et claquant d'un chien de chasse.

Chiendent ou Chienlit

Ce sont des noms peu affectueux mais amusants pour des bâtards un peu coureurs de rues.

Chimène

Pour une grande chienne précieuse et maniérée.
Un *lévrier afghan* ou un *colley* porterait bien ce nom.

Chips

C'est un petit chien mince et rapide.
Comme diminutif on peut dire aussi **Chipsou**.

Chloé

Que ce soit la compagne de **Daphnis** ou l'héroïne de
Boris Vian dans «l'écume des jours», c'est le nom d'une
chienne moyenne ou grande mais racée.

Chouchou

C'est un petit chien... le préféré.
Convient bien pour le chien ou la chienne d'une institu-
trice : un *caniche*, un *yorkshire* ou un *bichon*.

Churchill

Pour un grand chien placide, qui a une certaine classe,
mais aussi un certain embonpoint.

Ciboule

Pour une chienne gracile et subtile.
Elle donnera du piment à votre existence.

Cicéron

Tout en rondeurs et en bonté mais un grand chien quand
même.
Ce nom convient au compagnon d'un professeur.

Cinna

C'est le nom du chien d'une tragédienne.
Mâle ou femelle, ce doit être un grand modèle.

Circonflexe

Un nom à l'accent bien connu!
Pour un petit *fox* ou un *pinscher*, bref un chien miniature
et nerveux.

Citrouille

Pour une chienne bien ronde et pas trop vive, mais douce
et familière.

Claudius

Pour un grand chien de garde pas trop futé.

Il y a aussi **Claudo**.

Clébard

Nom qui vient de **Clebs** et qui veut dire chien. C'est n'importe lequel et tous.
C'est un mâle qui n'a pas besoin d'un pedigree pour plaire.

Cléo

S'il sort de cinq à sept.
Ce peut être un diminutif de Cléopâtre (voir plus loin) ou de Clothilde.

Cléopâtre

Pour un *chien de chasse* qui a du nez!
Ce sera une femelle; il vaudra mieux l'habituer à **Cléo** qui sonne plus court pour un chien de chasse.

Climax

Cela signifie apogée en anglais.
Pour une femelle de race moyenne.

Clitoris

Pour une petite chienne ou pour un grand mâle un peu coureur.

En public, il est recommandé de l'appeler **Clito** ou **Iris.**

Clochard

C'est le compagnon de **Belle.**
C'est un chien de rue adorable et dévoué.

Clo-Clo

C'est un chien chantant, une chevrette.
Convient à une race moyenne ou petite, mais futée.

Clopin-Clopant

Ce sont deux noms que vous pourrez donner à deux chiots d'une même portée, si vous les gardez tous les deux.

Clovis

C'est un grand chien de garde, fidèle mais pas très futé.
Il sera bon et doux, sous des dehors féroces.

Clown

C'est un petit chien aux taches irrégulières (un œil noir, un œil blanc).
Il est drôle et attendrissant.

Coccinelle

C'est une chienne tachetée, petite ou moyenne.
C'était le nom d'une troupe de cabaret et de sa vedette.

Cockney

C'est le chien de quartier et des faubourgs.
Un peu canaille sur les bords mais au grand cœur.

Coconut

Une chanson d'Harry Belafonte mais aussi une noix de
coco : une petite chienne, jolie et espiègle.

Cocotte

On imagine une femelle *yorkshire*, un nœud dans le
toupet, ou un *caniche* bien toiletté et qui se dandine pour
vous dire bonjour.

Colas

C'est un grand chien de garde, à l'aspect féroce, très
docile et bien dressé.
Il répond à son nom et est fêté le 6 décembre sous le nom
de Saint Nicolas.

Colin

Vous l'associerez à **Maillard** pour un chien de garde de taille moyenne.

Colt

Cela signifie en anglais «poulain» mais c'est aussi une arme redoutable.
Vous nommerez ainsi un grand chien de garde efficace mais aussi un chien policier.

Coma

Dans les Flandres ou dans les régions bilingues de la Belgique, ce sera amusant de dire «Kom Coma», ce qui veut dire «viens Coma».

Complexe

Pour le chien d'un psychologue ou un petit chien dont les origines sont un peu complexes.

Complice

C'est celui (ou celle) qui suit son maître partout... de l'apéritif au bistrot du coin à la partie de pêche!

Concept

C'est un chien de race indéfinie mais bien présent quand même.

Concerto

Il est mélodieux dans ses aboiements, bien proportionné et de race classique.

Concorde

Il est aérodynamique, il file comme un avion, c'est le compagnon élancé d'**Airbus**!
Ce nom est cependant difficile à prononcer car long et un peu décousu.

Confetti

Pour un tout petit chien, vif et nerveux.
Il serait cependant amusant d'appeler un molosse «confetti»!

Conforme

Il se devrait d'être de pure race.
Vous pouvez l'associer à **Copie** ou **Copine**.

66

Connard

Pas lumineux, pas téméraire mais bon comme le pain.
Pour un mâle de taille moyenne et de race quelconque.

Copain

C'est le chien du célibataire endurci.
Il doit être fidèle et drôle.

Copie

C'est celui que vous associerez à **Conforme** si vous avez
deux chiens semblables d'une nichée.

Coqueluche

C'est une ravissante petite chienne. De celles qui sont
perpétuellement suivies par une horde de chiens.

Coquin

Un peu voleur, un peu cabotin, il est cependant tellement affectueux.
Pour une femelle, **Coquine** ira très bien.

Cora

Elle est bonne gardienne, elle est aussi douce et fidèle.

C'est un *berger*, un *boxer* ou un *bouvier*.

Cordule

Elle est brave, bonne mais pas supérieurement intelligente.
Elle a le poil long et un peu raide.

Corniaud

C'est le chien de tout le monde ; il tient de toutes les races mais il est adorable.
Ne l'offrez pas à un mari trompé !

Cornichon

C'est un petit chien sec et noueux.
En abrégé et dans l'intimité, vous pourrez toujours lui dire : «mon petit nichon» !

Cornouille

C'est un chien de couleur indéfinie.
Si ses ancêtres ont eu du panache, il en reste peut-être quelque chose !
Bon chien de bistrot.

Corrida

C'est une chienne de garde assez mordante.

Méfiez-vous, elle peut voir rouge!

Cosette

C'est une petite chienne de rue. Elle n'est cependant pas misérable mais bien débrouillarde.

Cosinus

Chien de mathématicien ou d'ingénieur.
C'est un grand chien de compagnie.

Couette

C'est une petite chienne pleine de poils, douce et duveteuse comme un édredon.

Crac

C'est la compagne ou le compagnon de **Cric**.
Il en invente quelquefois de belles car c'est un vrai crac.

Cranky

Vient de l'anglais «loufoque».
C'est un chien (ou une chienne) amusant, qui a plus d'un tour à jouer.

Crevette

Pour une petite chienne grise et fine, un peu insignifiante mais si gentille.

Cric

Dans la paire «Cric et Crac», c'est le plus costaud des deux.
Chien de garagiste ou d'une station service.

Croc

Pour un chien-loup, prononcez les deux «c». Cro ferait un rien snob.
Rappelez-vous «Croc blanc».

Crony

C'est «copain» en anglais.
C'est une bonne petite chienne qui vous suivra comme son ombre.

Cubitus

Pour le chien d'un bras droit de grand patron ou d'un professeur de latin!
Il ne peut pas être trop grand mais sera un peu massif.

Culasse

Encore un chien de garagiste ou d'un «casseur de voitures».
Pour une femelle élégante et racée.

Cumul

C'est le chien de votre contrôleur fiscal ou celui qui accumule les gaffes.
Pour un mâle assez grand.

Curry

Comme nous avons déjà Cari, cela ira très bien pour un chien exotique.

Cyclone

Un grand chien un peu maladroit qui renverse tout sur son passage.
C'est un chien à la course facile.

Cyrano

Pour un chien au long museau et qui ne manque pas de finesse.
Un *lévrier* ou un *berger malinois*.

Cyril

Un bon grand chien de garde.
Un *boxer* ou un *bouvier* portera bien ce nom

Cystite

Pour une petite chienne bien vive... et qui étant jeune réclamait de fréquents arrêts pipis...

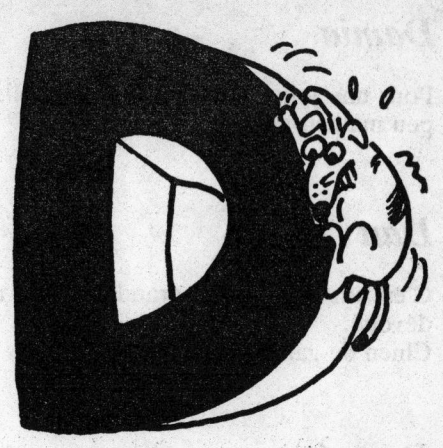

Daisy

C'est une jolie chienne aux grands yeux.
Son nom signifie «pâquerette» en anglais.

Dalila ou *Dalida*

Pour une belle grande chienne noire.
Si vous avez un mâle, inutile de couper les cheveux en
quatre, appelez-le tout simplement **Samson**.

Dalton

Pour un chien un peu bâtard mais sympathique.
Il y a des Dalton de toutes les tailles.

Damia

Pour une jolie chienne qui a une belle voix et un air un peu malheureux.

Dan

C'est un bon chien, grand et fort, mais affectueux et dévoué.
Chien de garde ou de chasse.

Danaé

C'est une chienne petite ou moyenne, de race et de classe.
Elle sera douce comme son nom.

Danton

C'est un chien sec, coupé au couteau, grand, aux crocs acérés. Il ne lâche pas son os...

Dany

Peut-être un chien plus petit que Dan. Il sera cependant dévoué et fidèle.

Dash ou Dashy

De l'anglais «tiret», c'est un chien de chasse rapide,

discret et efficace.

David

Si vous avez deux chiens, appelez l'autre **Goliath** (le plus grand).
David est un petit chien, bon gardien et bon compagnon.

Davis

Amusant pour un joueur de tennis.
Ce sera un chien de taille moyenne, vif et affectueux.

Dayan

Chien avec tache sur un œil.

Dear

C'est un petit chien de salon, celui qui correspond à «chéri» en français.

Décibel

Parfait pour un chien de garde à la voix puissante et aiguë.
Pour une femelle, ce sera **Décibelle**...

Dédale

C'est un chien un peu vagabond mais aussi un gardien et le compagnon de vos longues promenades.

Déesse

C'est une superbe chienne, grande, racée, élégante.
Vous veillerez à ne pas donner ce nom à n'importe quel chien.

Démon

C'est un grand chien vif et mordant. C'est le gardien de votre paradis !

Dennis

Si c'est un petit chien, il sera cependant bon gardien : dans les histoires anglaises il est «la menace»...

Dérive

C'est le chien d'un navigateur, d'un plaisancier.
Il doit avoir la queue en panache : un *setter* par exemple, mâle ou femelle.

Devil

C'est un excellent gardien, comme **Démon** ou **Satan**.

C'est un grand chien de préférence tout noir.

Diable ou Diablotin

Comme «un bon petit diable», il peut déjà être un peu plus petit.
Il se devra pourtant d'être un chien vif et un peu agressif.

Diane

C'est une grande chienne de garde ou de chasse.
Elle obéit bien à son nom qui sonne bien.

Diapason

C'est le petit chien d'un musicien qui aboie beaucoup et donne le ton.
Peut s'associer avec **Décibel**.

Didon

C'est une grande chienne fière et belle. Elle sera racée.

Dingo

C'est un chien de bande dessinée. Il est grand, un peu sot, mais fidèle et aimant.
Il n'a pas besoin de pedigree pour produire son petit effet.

Dingy

C'est Dingo en femelle, un peu sotte mais quelle compagne !

Dirty

C'est la chienne qui adore patauger dans les flaques de boue et qui salit tout. Ce n'est certes pas un chien de salon !

Disco

C'est un chien qui adore se trémousser, joueur et qui fait beaucoup de bruit.
Son nom claque bien pour en faire un chien obéissant à l'appel.

Dizzy

Si vous êtes amateur de jazz, ce nom conviendra bien pour un mâle ou une femelle, petit ou moyen de taille.

Doc

C'est le chien d'un médecin ou d'une infirmière.
C'est un grand chien de race.

78

Dolf

C'est un chien de garde, un peu brute.
Si vous en avez un autre, vous pourrez l'appeler **Hitler**.

Domino

C'est un chien noir et blanc, de taille moyenne.
Ce nom convient à un *fox* ou un *épagneul papillon*.

Donald

C'est le compagnon de **Duck**.
Il est bon chien mais un peu gauche. Il ne sera pas
forcément de race.

Don Juan

C'est un beau grand chien, un peu lent, un peu poseur :
un *lévrier afghan* par exemple.

Donkey

C'est un chien petit et amusant.
Son nom signifie «âne» en anglais, ce qui le prédispose
peut-être à devenir têtu !

Doucette

C'est une femelle petite ou moyenne, au poil soyeux et

doux.
Vous pouvez aussi l'appeler **Doudouce**.

Dougga

Si cela vous rappelle des ruines romaines en Tunisie...
c'est aussi un nom bien bref pour une chienne de chasse.

Doumic

Pour un *épagneul breton*, cette forme bretonne de Domi-
nique.
Sonne bien pour appeler un chien de chasse.

Dourakine

Un grand chien (ou une grande chienne) rappelant le
général, héros de la Comtesse de Ségur.

Dracula

Pour une grande chienne noire et assez féroce d'apparence mais fragile et sensible dans le fond.
Convient aussi pour un mâle.

Droopy

C'est le nom du *basset artésien* d'un dessin animé.

Duc

C'est un grand chien de race, élégant et raffiné.
Ce peut être un chien de chasse car son nom claque bien.

Duchesse

C'est une grande chienne élégante et un rien hautaine :
lévrier afghan, *colley* ou *briard*.

Duck

Copain de **Donald**, c'est un canard en anglais. Pour un
grand chien : *labrador* par exemple.

Duckling

C'est le petit canard, gentil et malin. Votre sympathique
compagnon.
Convient pour toutes les races.

Duke

Forme anglaise de Duc, convient mieux à un chien de
race anglaise : *setter*, *lévrier anglais*...

Dulcinée

Ce doit être une chienne douce et jolie. Rappelez-vous

Don Quichotte.
Un *caniche*, un *cocker*...

Dummy

C'est une esquisse, une maquette. On voit un chien rapide et un peu brute comme un *griffon*, un *fox* à poils durs...

Dusk

C'est le nom bref d'un chien de chasse ou éventuellement d'un chien de garde. Il est grand, racé et bon.

Eagle

Pour un grand chien rapide et intelligent.
C'est un «aigle» en anglais.

Early

C'est lui qui vous réveille tous les matins. Son nom
signifie «tôt» en anglais, il signifie aussi «précoce»,
alors...

Earnest

Rappelez-vous Oscar Wilde : «the importance of being
E...». C'est un chien sérieux et c'est plus joli que de
l'appeler Ernest.

Easy

Vous offrirez ce chien à quelqu'un de nerveux, il l'apaisera.
C'est un chien petit ou moyen.

Echalas

Pour un chien aux longues pattes, mâle ou femelle.
Je vois assez mal un *basset* s'appelant ainsi !

Echo

C'est un grand chien de garde ou un petit chien qui aboie beaucoup.

Eclair

Il est rapide à la course et il comprend vite.
C'est un grand chien : *lévrier* ou *setter*...

Ed

C'est un grand chien assez costaud.
Vous pouvez le baptiser **Edgard**, mais Ed est plus bref, plus claquant surtout pour un chien de chasse.

Eddy

C'est Ed en plus petit et aussi plus rapide.
C'est aussi le prénom d'un grand champion cycliste !

Edgar

C'est le nom d'un grand chien de compagnie ; ou aussi celui d'un chien moyen et assez drôle.

Ego

C'est le chien d'un psychologue... ou de celui qui cherche son ego.
Pour un mâle de grande taille.

Eléonore

Pour une jolie chienne de taille petite ou moyenne.
Une chienne de compagnie, un rien snob.

Embryon

Pour un chien nain, *caniche* ou autre *pinsher*...
Si vous craignez le ridicule, vous le surnommerez **Brion** en public.

Emilio

C'est un chien moyen, un peu gag et qui a plus d'un tour

dans son sac.
C'est le chien d'un restaurateur italien.

Emma

C'est une chienne langoureuse, à problèmes.
Elle peut être de grande taille.

Empty

C'est le chien que l'on offre pour combler un «vide»...
Il est vif et intelligent.

Enfer

C'est un grand chien tout noir.
Un chien de garde, à la dent redoutable... mais quel
compagnon pour **Diable** ou **Satan** !

Entracte

C'est le chien d'une comédienne, il est gentil et si
mignon !
C'est un mâle ou une femelle de race indifférente, mais
de grande affection

Entrax

Phonétiquement, vient d'anthrax ; vous l'offrirez à un
médecin ou une infirmière.

C'est un grand chien, mâle ou femelle.

Enzyme

C'est un petit chien glouton. Il dévore tout... même les crasses !

Ernst

Un grand chien placide. Son nom résonne bien pour un chien de chasse.

Eros

C'est un mâle puissant. **Je vois mal un** *caniche* abricot portant ce nom.
Vous l'offrirez de préférence à une femme.

Esclave

Il (ou elle) est bon(ne) à tout faire.
Il apporte vos pantoufles et va chercher votre journal.

Estafette

C'est la chienne qui fait vingt fois le trajet quand vous la promenez.
C'est une petite chienne avenante.

Eva

C'est une grande belle chienne, un peu hautaine.
Si vous avez également un mâle, vous pourrez l'appeler
Péron.

Evita

Plus petite qu'Eva, cette chienne sera plus câline.
Convient à un *caniche* ou à une femelle *griffon*.

Exit

C'est le chien qui veut toujours sortir!
Un peu nerveux, un peu sauteur.

Exploit

C'est le chien d'un huissier ou d'un sportif!
Il est grand, vif et rapide.

Export

C'est le chien de bistrot par excellence!
Un grand chien calme mais bon gardien en cas de
bagarre...

Express

Toujours pressé, c'est un petit chien ou un chien moyen. C'est le chien d'un postier, ou d'un employé des chemins de fer...

Extra

C'est une grande belle chienne. Ce peut être un mâle également, mais alors son maître sera dans la restauration.

Fabio

C'est un mâle, de belle taille et de grande prestance.
Il est fidèle et bon gardien.

Fadette

La petite chienne toute simple et toute gentille.
C'est une héroïne de Georges Sand.

Falstaff

C'est un grand chien de garde, dont la voix porte loin et
dont le nom... et les crocs font fuir les indésirables !

Fanchon

C'est une jolie petite chienne de la campagne.
On la voit bien ramenant un panier.

Fanfaron

C'est un petit chien jouette.
Eventuellement un chien moyen, pour autant qu'il reste
mince et agile.

Fanny

C'est le chien d'un joueur de pétanque... ou d'un
amoureux de la Provence.
Une petite chienne amusante et espiègle.

Fantine

Une gentille petite chienne de taille moyenne.
Si vous avez lu «Les misérables» de Victor Hugo, sa
compagne pourrait s'appeler **Cosette**.

Fantômas

C'est un grand chien de garde ou policier.
Il est à la fois calme et très intelligent.

Farfelu

Un petit chien un peu sot mais très affectueux.
C'est la fantaisie d'un maître raisonnable....

Fast

C'est un chien rapide pour la course, un *lévrier* par exemple.
Un mâle assez grand.

Fatty

C'est une petite chienne un peu boulotte.
Son nom vient de «fat» qui signifie gras en anglais.

Faust

C'est un grand chien de garde, un *berger*, un *doberman*.
Son nom claque bien aussi pour un grand chien de chasse.

Fauve

Que ce soit pour la couleur de son poil ou parce que c'est un bon chasseur, ce nom convient à un chien moyen ou grand.

Félix (le chat)

Les noms de chats conviennent quelquefois très bien pour les chiens.
Ici je vois un *dalmatien* ou un autre chien de taille moyenne.

Fello

C'est le copain, le compagnon...
C'est le chien que l'on voit vieillir avec soi.

Féroce

C'est un chien de garde aux crocs bien acérés.
C'est aussi un *pinsher* ou un autre petit chien qui ne manque pas de mordant !

Fêtard

C'est un chien de bistrot ou celui qui ramène son maître à la maison.
C'est un chien moyen, sans race définie.

Fetch

Bon nom pour un chien de chasse qui rapporte.
On peut aussi l'appeler **Fletch**.

Fétiche

C'est un petit chien mascotte.
On voit bien un *caniche* nain ou un *teckel* portant ce nom.

Fiasco

C'est un grand chien un peu gauche.
C'est un chien à ne pas laisser au milieu d'un jeu de quilles.

Fidelio

Encore un grand chien fidèle et efficace.
Un gardien et un bon compagnon.

Fido

Un chien moyen ou grand et toujours fidèle.
C'est votre chien de garde, le compagnon des enfants et leur cerbère.

Fifi

C'est une petite chienne mignonne à souhait.
C'est aussi une opérette ou une comédie musicale... elle a la voix perçante.

Figaro

On pense tout naturellement à un chien de coiffeur. Un grand chien calme.
C'est peut-être un *caniche* mais il se doit d'être toujours bien toiletté.

Filochard

Avez-vous lu «les pieds nickelés»? Et bien si votre chien est astucieux et pas trop grand, vous l'appellerez ainsi!

Filou

De la même espèce que le précédent.
Il est un peu voleur mais vous lui pardonnerez tout car il est si attachant!

Finaud

Malin, un peu dissimulateur, il est cependant bon compagnon.
C'est un chien moyen sans race définie.

Fisc

C'est un chien rêvé du contribuable!
Ce nom sonne bien pour un chien de chasse, mais attention il ne lâche pas facilement sa proie!

Fixo

Pour un chien un peu balourd : un *boxer,* un *saint-bernard* ou un *bouvier...*
Cela risque cependant de devenir un chien têtu, un peu borné... à «idée fixe»!

Fizz

C'est un chien vif, qui pétille d'intelligence.
Vous pouvez l'associer à **Gin**.

Flac

Quand il était petit, il y avait des flaques partout!
Les enfants ont décidé de l'appeler ainsi... il est drôle et gentil.

Flap

Pour un pilote d'avion; pour un chien aux oreilles pendantes, un *cocker* par exemple.

Flapi

Il est tout noir et tout doux; pas très dynamique mais certainement très affectueux.

Flash

C'est un petit chien carré, il n'a pas la cote mais tout le monde le connaît.
Il est rapide et futé. Vous pouvez l'associer à **Gordon**.

Flèche

C'est un chien de course : un *lévrier*.
Il est rapide et obéit à son nom.
Son maître pratique le tir à l'arc ou s'appelle Sébastien....

Flic

Quel défoulement pour les habitués des P.V.!
Associé à **Flac**, personne ne se doutera de rien!

Flich

C'est l'adjudant type de Courteline. C'est un chien rapide, pas très drôle mais obéissant au doigt et à l'œil.

Flimsy

C'est une jolie petite chienne, un peu fragile mais très vive.

Flip

C'est un nom court et sec pour un chien de chasse ou un chien de taille moyenne.
Vous l'associerez à **Porto**.

Flirt

C'est une jolie petite chienne, aux beaux yeux irrésistibles. Ce peut être un mâle aussi, mais aux attaches fines.

Floche

J'ai connu un *caniche* peu toiletté que ses maîtres appelaient ainsi !
Ce peut être un mâle ou une femelle.

Floppy

Pour un informaticien et pour son petit chien, ce nom est évocateur.
Je vois un chien roux et tout en poils.

Flora

Pour une grande chienne qui a une certaine classe.
Chienne de garde ou de chasse.

Flower

«Fleur» en anglais : pour une chienne petite ou moyenne.
Comme **Flirt**, elle a un regard doux et humide.

Fluet

C'est un petit chien mince. On pourrait aussi dire **Fluette** pour une chienne.

Fluffy

Pour un *caniche* ou un *yorkshire,* mâle ou femelle.
Son nom signifie «pelucheux» en anglais.

Flush

Epagneul célèbre d'Elizabeth Brontë, qui devint Madame Robert Browning. Burgess, dans les «puissances des ténèbres» dit qu'il était «terrifié par les grosses araignées vivant sous le lit crasseux de la poétesse», et précise que Flush, en anglais, signifie «tirer la chasse». C'est également, on le sait, une «main» au poker.

Fœtus

Le petit chien nain d'un obstétricien.
On peut aussi, en pensant à la paille, l'appeler **Fétu**.

Fofolle

C'est une petite chienne qui porte bien son nom.
Son frère s'appelle **Fanfaron.**

Fogg

C'est le compagnon de Philéas... Il fera le tour du monde
pour vous suivre !

Folly

C'est une chienne de taille moyenne.
Elle est coquine à souhait et son frère s'appelle **Foufou.**

Formule

Un mathématicien ou un chimiste recevra avec plaisir un
chien portant ce nom.
C'est un petit chien (ou une petite chienne) intelligent et
fidèle.

Forty

C'est le chien que l'on offre pour la quarantaine.
Mâle ou femelle mais de taille moyenne.

Foufou

Il est un peu sot mais si affectueux.

C'est un petit chien de n'importe quelle race.

Foulcan

Pour voir la tête des gens quand le chien arrive!
On peut apprendre également à celui-ci à répondre au
nom de **Vulcain,** dans le cas où l'on doit sembler «bien
élevé».

Fourbi

C'est un chien qui manque d'ordre, qui range ses os
n'importe où!
Ses poils sont touffus et mal coiffés, genre *schnauzer*...

Fracasse

C'est un grand chien, tout en pattes.
Il galope bien et répond vite.

Franco

C'est le chien d'un importateur ou celui d'un Espagnol
nostalgique!
C'est un grand chien de garde.

Franck

Bon pour un chien de chasse de bonne race.
Comme diminutif, vous direz **Francky.**

Frankenstein

Il ne l'a pas fait exprès, mais il n'est pas beau!
Tellement laid qu'il en devient sympathique.

Fred

C'est un chien moyen ou grand, de garde ou de chasse.
Son nom claque sec.

Fredaine

C'est une petite chienne (ou moyenne), amusante et pas
très disciplinée.

Freddo

C'est aussi un grand chien, peut-être de compagnie.
C'est plus gentil que Fred.

Freddy

Celui-ci est en version plus petite.
Un gentil chien, un peu coquin.

Fretin

Il ne peut qu'être menu! C'est un petit chien ou un chien
moyen, mais fin et élancé.

Fric

Avec **Galette** et **Grisbi,** cela fait une famille qui ne sera pas dans le besoin!
Avec **Frac,** c'est moins évident!

Frida

C'est une grande chienne blanche.
Je vois bien un *labrador* s'appelant ainsi.

Frimousse

C'est une petite chienne, mignonne à souhait.
Un *yorkshire* ou un *caniche.*

Fringale

Elle est gourmande et bien en chair.
Elle aime aussi courir la campagne.

Fripon

C'est un petit chien mâle et un peu **coquin,** nom auquel vous pourriez l'associer.

Fripouille

Une chienne moyenne, un peu dégingandée.
Associée à **Arsouille,** cela fera une fine équipe.

Frisé

C'est un *caniche* évidemment!
Vous ne le toiletterez pas de trop près.

Frisky

C'est un petit chien vif (ou une chienne). Vous lui mettrez un manteau quand il fera frisquet!

Fritz

C'est votre *berger allemand*.
Il est costaud, fort en gueule et dévoué en tout.

Frizzy

C'est «crêpu» en anglais. Encore un nom pour un *caniche* ou un *terrier* à poil frisé.

Frollo

Un personnage de «Notre-Dame de Paris» de Victor Hugo, mais aussi le nom d'un grand chien.

Fumier

Une injure amusante et le nom d'un chien de la campagne.

Méfiez-vous qu'il ne s'y roule et n'en ramène un parfum écologique!

Funny

C'est une petite chienne toute drôle!
Vous l'associerez à **Girl**!

Furie

C'est une grande chienne de garde, redoutable à souhait.

Furry

Ecrit avec deux r, signifie animal à fourrure ou en peluche.
Convient à un chien duveteux (ou à une chienne).

Fury

C'est la forme anglaise de Furie.
Convient aussi pour un mâle.

Fusée

C'est un chien rapide à la course.
C'est peut-être aussi la chienne de la fête nationale.

Gabarit

Convient à un chien très grand ou très petit ou alors très gros (genre *mastiff*).

Gaby

Une jolie chienne moyenne. Nom féminin assez courant dans certaines régions.
Attention aux impairs si vous avez une cousine du même nom !

Gâchette

C'est un chien policier ou un chien de chasse. Une femelle de bonne taille, à la détente facile.

Gadget

C'est un petit chien de compagnie.
Il n'est pas très encombrant du point de vue volume mais prendra de la place dans votre vie.

Gag

C'est un chien moyen, de race indéterminée, mais qui se doit d'être bon.

Gaillard

Il est costaud, l'œil vif et la voix forte ; il n'a peur de rien.

Galathée

C'est une chienne toute blanche, un peu majestueuse.
Je lui vois de longs poils immaculés.

Galette

Associée à **Grisbi** ou à **Fric,** c'est amusant pour une petite chienne.

Galeux

C'est un grand chien un peu mité. On imagine un chien un peu famélique.

Galopin

C'est un petit chien un peu fanfaron.
Il plaît à tous.

Galuchat

Les noms qui contiennent le mot chat sont amusants pour un chien!
Ici c'est aussi une héroïne de Roger Vailland.

Gamin

C'est le chien de tout le monde.
Un mâle de taille moyenne mais sympathique.
C'est aussi un bon chien de bistrot.

Ganelon

C'est un traître, mais c'est aussi un bon nom de chien.
Il est moyen ou grand.

Gangster

C'est un bon chien de garde ou un chien policier.
Un grand chien assez féroce.

Garçon

C'est le copain de **Gamin.** Un mâle de taille moyenne ou

grande.
C'est le Don Juan du quartier.

Gargantua

C'est un bon gros chien chaleureux avec un solide appétit!

Gargouille

Cette chienne n'est pas très belle mais fine et amusante.

Gaston

C'est le chien gaffeur et maladroit par excellence!
Vous pouvez l'appeler «Gaston la Gaffe», vous lui pardonnerez tout, il est tellement gentil!

Gastou

Lui, c'est le gaffeur provençal!
Si vous avez peur de donner des complexes à votre chien en l'appelant «Gaston»...

Gavroche

Un peu dans le genre d'Arsouille, c'est le titi parisien.
Un chien de quartier qui n'a pas de race bien définie, mais qui est le plus malin d'entre tous!

Gazelle

C'est une chienne très fine et très élégante : une *levrette* par exemple ou un *caniche* tondu ras.

Gazette

C'est elle qui ira chercher votre journal !
A moins qu'elle ne vous informe des potins du quartier par ses aboiements...

Gem

C'est un joyau, une pierre précieuse.
C'est une petite chienne de grand prix et au pedigree impressionnant.

Général

Ce peut être la mascotte du régiment ou alors le chien d'un adjudant de carrière qui se défoulera en l'appelant ainsi !

Gertrude

C'est une grande chienne, un peu terne mais dévouée.
C'est elle qui garde les enfants.

Gery

Nom court pour un chien de chasse ou de garde.

Gift

C'est le cadeau que vous ferez, un petit chien tout doux, tout gentil.

Gigi

Elle est ravissante, un peu coquine.
C'est une petite chienne de compagnie.

Gigogne

Si vous avez un grand chien et si vous recevez un *basset*, vous le baptiserez Gigogne... comme les tables du même nom !

Gill

C'est un grand chien de chasse ou de garde.
Il est costaud et efficace.

Gillou

Il est plus petit que le précédent ; plus fragile et plus attendrissant aussi.

Gin

C'est le compagnon de jeux de **Fizz**.
Vous pouvez prononcer «Djeen», cela fait plus snob !

Ginger

Pour un chien roux et vif, ou pour une chienne en souvenir de Ginger Rogers.

Gipsou

Son nom était «Chips», pour être plus gentil, on l'appelle «Gipsou».

Gipsy

C'est un panaché de toutes les races mais elle a un chic fou!
Son frère s'appelle **Gitan**.

Girl

C'est une jolie chienne qui a du chien!

Girouette

Elle ne tient pas en place, elle virevolte... c'est une petite chienne nerveuse.

Gisors

On y recherche toujours un trésor enfoui!
Cela rappelle aussi André Malraux.

Gitan

Il n'a peut-être pas un pedigree à rallonge mais il a fière allure.
C'est le chien d'un guitariste.

Givré

C'est un chien tout blanc qui s'est peut-être «noirci»!
Un *caniche* blanc peut aussi s'appeler Givre.

Glandouille

Il n'est pas très vif et vous fait attendre souvent.
Vous pouvez aussi l'appeler **Andouille**.

Globule

C'est le chien d'un laborantin, mâle ou femelle.
Il est tout petit et tout rond, son copain s'appelle **Gaston**!

Goguette

Une petite chienne un peu rouleuse.
Elle se promène plus souvent qu'à son tour.

Goliath

Il est grand et costaud et dépasse son copain **David** d'une bonne tête.

Gordon

C'est un grand chien, l'ami de **Gin**.
Ne donnez pas ce nom à un *setter* qui ne le serait pas !

Gorille

Un grand chien plein de poils bruns.
C'est le chien d'un homme politique ou d'une vedette célèbre.

Goriot

C'est le petit père, court sur pattes et bien tranquille.
Un bon chien de campagne.

Gospel

Pour un amateur de jazz ou pour un pasteur.
C'est l'évangéliste des chiens.

Goulu

Il mange plus qu'il ne faut... et plus souvent.
On dit aussi que c'est un bon gros chien.

Goupil

C'est un *chien loup* ...qui a la teinte d'un renard !
S'il est tout en poils noirs, vous l'appelerez **Goupillon**.

Gourmet

C'est un délicat et un difficile à l'heure des repas.
Un rien lui coupe l'appétit.

Grâce

Si vous avez une jolie chienne ou des actions dans la principauté...

Grandet

C'est un chien pas bien grand.
Sa meilleure copine s'appelle **Eugénie**...

Grandgousier

Encore un chien à l'appétit féroce et toujours prêt à jouer!
Il n'est ni petit, ni mince.

Granny

C'est une chienne grise et fluette.
Elle a des airs très raffinés.

Gratis

C'est le chien trouvé.
Il est gentil et se contente de peu.

Grelot

C'est un *pinscher* qui aboie beaucoup.
Son organe n'est cependant pas très puissant.

Gribouille

Elle est toute pleine de poils, sa frimousse disparaît derrière une broussaille.

Grimaud

Ce village est superbe, ce chien sera grand et beau. C'est le chien d'un poète.

Grimy

Il n'a jamais l'air propre, il est plutôt mal peigné, mais il est si bon chien...

Grincheux

Son air triste le fait paraître grincheux.
C'est l'ami de **Blanche-Neige.** C'est un *basset artésien*.

Grisby ou Grisbi

C'est l'ami de **Galette.**
Un chien de taille moyenne.

Grisly

Il est sombre et ressemble à un ours. Il adore tourner en rond...

Grisou

Il est tout gris et c'est le chien d'un ingénieur des mines...

Grivois

Il n'est pas osé de l'appeler ainsi !
Un peu coquin, le poil gris, c'est le chien d'un éternel étudiant !

Groggy

C'est un petit chien à la démarche chancelante.
C'est peut-être aussi le chien d'un boxeur.

Guido

C'est un grand chien de garde
Son nom est italien ou flamand.

Guignol

Il est drôle, c'est le préféré des enfants.
Cette espèce de chien se laisse habiller comme on veut !

Guillou

Peut-être le chien de Guillaume ou seulement un petit chien attendrissant.

Guilty

Si vous avez une passion pour Barbara Streisand ou si vous êtes avocat, vous plaiderez coupable pour votre chien!

Gulliver

Son copain s'appelle **Lilliput**.
C'est un grand chien, un très grand chien.

Gwendoline

Une petite chienne toute douce.
Une imposante héroïne de bande dessinée!

Hach

Cette chienne ou ce chien est votre drogue.
C'est un grand chien et son nom claque sec pour la chasse.

Hachisch

C'est une chienne plus petite mais aussi ensorcelleuse!

Haddock

C'est un chien de marin, le compagnon de **Tintin** et **Milou**.
Méfiez-vous qu'il ne s'adonne au whisky!

Hamilcar

C'est un *colley* que je connais.
Il a cet air impérial et dominateur.

Hamlet

Il est d'une beauté tragique.
Mais il connaît bien son rôle de chien de garde.

Handicap

C'est un *lévrier* à la course rapide... ou au contraire, un chien courtaud et un peu caduc.

Handy

C'est le petit chien que vous pourrez emmener partout... dans un sac à main!
Mâle ou femelle.

Happy

C'est un cadeau d'anniversaire ou de jour de l'an, c'est de toute manière un petit chien joyeux!

Hardy ou Hardi

C'est un grand chien costaud et courageux.

Un chien de garde ou un chien policier.

Harpagon

C'est un petit chien avare de centimètres...
Une race frêle et naine.

Hector

C'est un grand chien de garde.
Son nom paraît déjà gage d'autorité pour le maître.

Helen

Une chienne de taille moyenne et de couleur neutre.
Elle est affectueuse et soumise.

Hell

C'est un grand chien d'attaque.
Il est vif et fait peut. Il a peut-être le poil noir et feu
comme l'enfer...

Héloïse

C'est une petite chienne de compagnie.
Son copain de jeux s'appelle **Abélard**.

Héraclès

Cela fait très athlétique pour un grand chien costaud.

Hercule

Il prend chaque réverbère pour une de ses colonnes!
C'est un grand chien solide et un gardien efficace.

Hérisson

C'est un chien à poil dur et qui se hérisse quand il se fâche.

Hermès

C'est un chien bon chic, bon genre.
Il a une classe certaine, qu'il soit mâle ou femelle.

Hermine

C'est une chienne blanche, petite et fluette.
C'est aussi la chienne d'un magistrat.

Hermione

Elle a des attitudes de tragédienne.
C'est une chienne de taille moyenne.

Hiatus

Il est de race presque pure mais il a un petit détail oublié dans son pedigree.

Hiccup

Ce chien a le hoquet plus souvent qu'à son tour.
Vous pourriez l'appeler **Hic** tout simplement.

Hi-Fi

C'est une chienne haute fidélité à l'aboiement sonore.
Elle est grande et bonne gardienne.

Hippolyte

Bien dressé et bien stylé, c'est un chien domestique de taille moyenne.

Hirsute

Il n'est que poils! Tout en poil dur et tout broussailleux, il est pourtant un bien sympathique compagnon.

Hobby

Un petit chien passe-temps! Il est de taille moyenne et de race indéterminée.

Honey

C'est un *caniche* miel, très gentil.
Tout en douceur, c'est un bon chien de compagnie.

Horace

C'est un grand chien de garde efficace.
Son compagnon est évidemment **Curiace**...

Horsy

C'est presque un petit cheval par sa taille, c'est un bon·
chien de garde et le compagnon rêvé des enfants.

Hugh

C'est le salut indien, c'est aussi un bon chien de garde ou
de chasse.

Hugo

Encore un bon nom de chien de garde.
Il est puissant et efficace.

Hungry

Tout petit, il avait déjà perpétuellement faim.
C'est un grand chien de garde.

Hurluberlu

On ne connaît pas bien ses origines, mais qu'importe !
Il a toujours un air étonné et innocent, même quand il
vient de jouer un mauvais tour !

Hurry

C'est un chien de garde (ou de chasse) rapide à la course
et prompt à l'attaque.

Husky

Pour *un chien esquimau* ou un grand chien à la fourrure
touffue.

Iago

Est-il un héros? Est-il un traître?
C'est de toute manière un grand chien de garde ou de police.

Ian

C'est un prénom australien.
Je vois un grand chien roux, de bonne compagnie.

Icare

Tout petit, il est tombé des escaliers... c'était la chute d'Icare! Peut-être avait-il pensé pouvoir voler?

Ici

C'est ce que l'on répète toute sa vie à un chien... pourquoi ne pas l'appeler ainsi!
Pas facile de l'envoyer promener!

Idefix

Adorable petit chien d'Astérix. Il est de race imprécise... mais il est gaulois avant tout!

Igor

Ce nom fait trembler.
C'est le nom d'un chien de garde : grand, costaud et mâle.

Illico

Encore un petit souvenir de bande dessinée!
C'est un chien moyen et très intelligent, sinon rusé.

Imbécile

Ce n'est pas gentil, vous lui donnerez des complexes...

mais en le nommant ainsi, vous perdrez peut-être les vôtres !

Impact

C'est le chien d'un publiciste ou d'un tireur.
C'est un grand chien de chasse ou de garde.

Impoli

Que de quiproquos en perspective !
— il est mignon votre chien !
— C'est Impoli
— pardon ?

Index

C'est le chien de la vie chère. Il ne fait pas de détail à l'indice.
C'est le chien d'un patron... ou de son personne !

Indigo

Il est tellement noir qu'il en a des reflets bleus !
C'est un *caniche royal* ou un *labrador*.

Indivis

C'est le chien du notaire ou celui dont on a hérité à plusieurs...

Infarctus

C'est le chien d'un ami toujours pressé.
Le nom de ce chien lui rappellera ce qui le guette s'il ne ralentit pas !

Ingénu

C'est un tout petit chien, tout mignon.
Pour une femelle, c'est **Ingénue**.

Ingrid

C'est une grande chienne. Elle a fière allure et un petit côté nordique.

Inky

C'est un chien blanc à taches noires.
Il est petit et adorable.

Inouï

Ce n'est pas facile de prononcer, mais ce chien sera unique en son genre.

Insoumis

Il obéit difficilement mais c'est une forte personnalité !
Un chien moyen.

Interlude

C'est le chien d'une speakerine de télévision.
Il (ou elle) est beau (belle) et sans défauts.

Intermède

Plutôt pour un musicien cette fois.
C'est un petit chien de compagnie.

Intrus

C'est un grand chien un peu éberlué.
Pour une chienne ce serait plutôt **Intra**.

Ion

Positif ou négatif, c'est le chien d'un chercheur, d'un savant. C'est un grand chien.

Iota

C'est une petite chienne.
Elle n'est pas gourmande et ne vous coûtera pas grand peine.

Iouri

C'est un grand chien de chasse ou de garde.
Il sera doux et bon compagnon.

Iphigénie

C'est la petite chienne d'un célibataire.

Iseult

Son mâle s'appelle **Tristan**.
C'est une femelle *cocker* ou *basset artésien*, qui a toujours un air triste.

Isotope

C'est le chien de centrale nucléaire.
Il donne bien la patte.

Ivan

C'est un grand chien un peu russe.
Il aime la vodka et le son du violon.

Ivanhoé

Le héros de Walter Scott ne peut être qu'un beau chien, mâle, racé...

Ivy

C'est une jolie petite chienne ou moyenne qui meurt où elle s'attache car son nom veut dire «lierre» en anglais.

Jack

C'est un grand chien de chasse ou de garde.
Contrairement à ce que l'on pourrait croire, c'est le diminutif de John.

Jacky

Plus petit que le précédent, c'est un chien moyen bien sympathique.
Vous pourrez aussi dire **Jackie** pour une chienne aux longs poils noirs.

Jackpot

Bon chien de bistrot.

135

Méfiez-vous des surtaxes de ce chien tire-lire, il coûte cher!
A part cela c'est un chien moyen ou grand.

Jacquinet

C'est un gentil chien de compagnie.
Si son pedigree n'est pas impressionnant, il a bon cœur.

Jacquinot

Plus grand que le précédent et plus hargneux.
Il grogne souvent mais c'est un bon compagnon.

Jacquot

Son nom de perroquet lui donne des complexes.
Il lui manque la parole.

Jane

C'est la compagne de **Tarzan**.
C'est une jolie chienne, un rien sauvage mais dévouée.
C'est aussi l'amie de **Calamity**.

Jason

Un petit souvenir de Giono; «Deux cavaliers de l'orage».
C'est un grand chien au poil broussailleux, un dur de la campagne.

Javelot

C'est un chien de course, un *lévrier* par exemple.
Il est mince et élancé.

Javert

C'est un chien policier, pas très grand mais fin limier.

Jef

Une merveilleuse chanson de Jacques Brel, mais aussi un beau chien sympathique et attendrissant !

Jelly

Une chienne petite et toute douce. Son nom rappelle les bons petits plats en gelée.

Jenny

Encore une petite chienne de compagnie, affectueuse et enjouée.

Jerry

L'ennemi juré de **Tom** dans la bande dessinée ! Mais peut-être son petit compagnon chien.
Un autre copain : **Lewis**.

Jessy ou Jess

Plus petit ou plus grand, c'est un bon chien de compagnie.

Jet

Prononcez «djet» car c'est un avion, ultra rapide à la course.
Un *lévrier* par exemple.

Jiggs

Vous pourrez l'associer à **Illico** comme dans la bande dessinée du même nom!
Il n'est pas grand mais rapide et efficace.

Jim

C'est un grand chien, bon gardien ou bon chasseur.
Sifflez Jim et **Jules** n'est pas loin!

Jimmy

C'était la terreur de mon enfance.
Un *schnauzer* qui n'a jamais voulu partager mes jeux et qui montrait ses crocs pour un rien.

Jivago

C'est le chien d'un médecin.
Un grand chien à l'allure fière.

Job

C'est un pauvre chien recueilli par des amis.
Il est grand mais a l'air un peu miteux, si ce n'est mité.

Jobard

De taille moyenne, toujours prêt à vous jouer un tour.
C'est un mâle un peu foufou et fanfaron.

Jogging

Un prétexte pour la ligne.
Celui qui devrait vous accompagner lors de vos promenades matinales. Méfiez-vous : il vous fera perdre quelques kilos, en trop ou pas !

John

C'est un grand chien de garde ou de chasse.
Il obéit immédiatement à son nom... ou du moins le
devrait-il !

Johnnie

C'est une jolie chienne, petite ou moyenne, de race indéterminée.

Johnny

C'est un grand chien blond, un peu fou.
Quand il aboie, il a du rythme.

Jojo

S'il est affreux, il n'en sera que plus drôle.
C'est un petit chien amusant et affectueux.

Joker

C'est le chien d'un joueur de cartes.
Il a tous les atouts pour lui, son maître en sera fou... ou sa maîtresse.

Jolly (jumper)

Il a un peu l'air chevalin, mais il adore les westerns.
Son maître s'appelle Lucky Luke.

Jonas

C'est un grand, gros chien noir. Il aime nager.
C'est peut-être un *labrador*.

Jouette

Une petite chienne amusante.
Vous ne vous en lasserez pas.

Joujou

C'est un petit bijou de chien. Tellement petit que vous
pourrez le tenir dans votre main.

Joyau

C'est le compagnon de **Bijou**.
Un chien précieux, même s'il n'est pas coûteux.

Joyeux

Toujours content, c'est un rayon de soleil.
C'est le copain de **Blanche-Neige** et de **Grincheux**.

Judas

C'était paraît-il un traître, mais ce peut être un grand
chien de garde, celui qui guette derrière la porte.

Judo (ka)

Encore un grand chien de garde.
Il fait peur et gare à ses prises (de crocs)!

Juju

C'est une petite chienne, le diminutif de **Julie**.
C'est la compagne de jeux de vos enfants.

Jules

Le copain de **Jim**.
C'est un grand chien, gardien et efficace. Toujours sûr de
lui... il a de grosses pattes.

Juliette

Compagne rêvée de **Roméo**.
C'est une petite chienne raffinée et fluette.
Elle affectionne tout particulièrement les balcons !

Julot

Un chien de bistrot, qui a du succès auprès des chiennes
de quartier.

Jumbo

Un gros chien court sur pattes.
Son compagnon **Jet** est nettement plus rapide que lui.

Jumper

Un chien moyen qui aime gambader.

142

Son copain peut s'appeler **Jolly**.

Junie

Une ravissante chienne aux yeux enjôleurs.
Sa taille a peu d'importance, sa race aussi.

Junior

C'est le petit dernier de la nichée... ou de votre famille.
Ce sera un bon chien dévoué.

Junon

Une grande chienne à la stature imposante et à la beauté
sans reproche.
Peut-être ne sera-t-elle pas assez affectueuse.

Jupiter

Un grand chien de la race des dieux (des dieux chiens,
bien sûr).
Il est à la fois beau et gardien irréprochable.

Justine

Une jolie chienne à la vie sentimentale tumultueuse!
Durell l'a rendue célèbre.

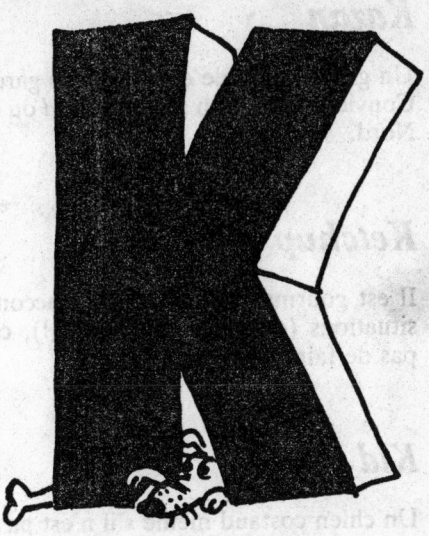

Kafka

C'est une grande et sombre chienne.
Elle semble aimer les atmosphères troubles....

Karen

C'est une jolie chienne de taille moyenne.
Compagne d'un célibataire, puisque son nom correspond
à Catherine en français!

Karo

Mâle ou femelle, son nom peut venir en effet de **Caroline.**
C'est de toute façon un grand chien.

Kazan

Un grand chien de chasse ou de garde.
Convient aussi à un *saint-bernard* ou à un chien du Grand Nord.

Ketchup

Il est gourmand et a l'art de s'accommoder à toutes les situations (ou toutes les sauces!), ce qui ne l'empêche pas de faire des bonds de joie.

Kid

Un chien costaud même s'il n'est pas grand.
Son copain s'appelle **Billy**.

Kim

C'est un nom classique, mais qui ne manque pas de charme pour un grand chien.

King

Il se doit d'être de bonne race.
Sa taille doit être grande et son allure fière.

King-Kong

Un grand chien de garde qui fait peur, qui sera sans aucun doute votre «gorille»!

146

Un livre merveilleux de Lovelace, un mythe célèbre.

Kinky

Une petite chienne extravagante.
Elle vous jouera plus d'un tour.

Kiss

Mâle ou femelle, c'est un petit chien affectueux et fidèle.
Vous l'offrirez à une amie.

Kitty

Elle est petite ou moyenne et enterre ses os, préservant
ainsi sa cagnotte.
A moins que ce ne soit la chienne d'une joueuse de
cartes !

Klaxon

C'est un chien de garde à l'aboiement féroce et intempes-
tif... ou un mini-chien très hargneux.

Knack

Bonne appellation, brève et claquante pour un chien de
chasse.
Il ne manque pas d'astuce.

Knock

C'est le chien d'un médecin, son chien de chasse ou de garde.
Son nom sonne court.

K.O. ou Knock Out

C'est un chien de garde ou de police.
Il est costaud et les malfaiteurs auraient tort de s'y attaquer !

Kung-Fu

C'est un *pékinois* trapu ou un grand chien de garde. Il terrasse son adversaire en deux temps, trois mouvements !

Kyo

Il rappelle Malraux et «la condition humaine». C'est un *pékinois* ou un grand chien de garde lui aussi.

Label

C'est une chienne de qualité. Son poil est tout laineux et ne déteint pas!
C'est évidemment la vedette des chiens du quartier.

Labo

C'est le chien d'un chimiste ou d'un photographe.
Il est noir de poil, à moins qu'il n'ait fait l'objet de curieuses expériences génétiques!

Labro

Un grand chien de garde.
Il ne connaît qu'un seul maître.

Lacune

Il y en a une dans son pedigree mais c'est une chienne adorable.
Elle vous suivra partout.

Lady

Elle se doit d'avoir de la classe, si ce n'est de la race.
Ses grands yeux feront fondre vos amis.

Lafcadio

Si votre jeunesse a été influencée par «les caves du Vatican» d'André Gide; si vous avez un grand et beau chien.

Lagardère

Dites-vous bien qu'il viendra toujours à vous, même si vous n'allez pas à lui!
C'est le mousquetaire des chiens par excellence.

Lambin

Pas rapide mais très doux, ce sera un bon chien de compagnie pour vos vieux jours.

Lampiste

C'est le dernier de la nichée (ou la dernière).
Il ne sera jamais très rapide dans la vie. Son maître
travaille aux chemins de fer.

Lancelot

C'est un chevalier, un grand et beau chien.
S'il aime nager, vous l'appelerez **Lancelot du Lac**.

Lanky

C'est un chien de taille moyenne, mince et élancé, de
préférence une femelle qui sera douée pour les regards
langoureux.

Lapin

C'est un petit chien à la course rapide.
Il a le poil soyeux et est adorable.

Lara

C'est une grande et belle chienne de garde et de chasse.
Même si elle n'est pas de grande race, elle aura de la
classe.

Lardon

C'est un tout petit chien, amusant et vif.
Méfiez-vous des bons petits plats, il a tendance à grossir !

Larron

C'est un chien de foire. Un peu voleur mais tellement drôle que vous serez attendri par ses frasques.

Lascar

Pas plus honnête que le précédent.
Il sera vraisemblablement plus grand.

Lassy ou Lassie

Mâle ou femelle, c'est un *colley* ou en miniature : un *papillon* ou un *pékinois*.
Ce nom convient cependant mieux à un grand chien.

Latex

Il est tellement souple qu'on le croirait en caoutchouc !
C'est un chien moyen ou un petit *caniche* toiletté en boule.

Laura

Une grande belle chienne.

Elle vous sera fidèle bien qu'ayant beaucoup trop de succès auprès des mâles.

Lazy

C'est une chienne (ou un chien) paresseuse, contente d'elle-même...
Elle sera aussi douce et fidèle.

Lear

C'est le roi des chiens.
Il est grand, costaud et bon gardien, si ce n'est bon chasseur.

Le Chien

C'est celui de tout le monde, il n'a peut-être pas de race mais il ne manque pas de succès.

Lélio

C'est un bon comédien qui jettera sur vous des regards amoureux, du genre comédie italienne...
Il est moyen ou grand et de bonne compagnie.

Léna

Que ce soit en souvenir de la chanteuse Léna Horne ou parce que son nom correspond à Hélène, c'est une belle chienne aux taches chocolat.

Léo

C'est un véritable lion ; il dévore sa pitance et montre ses crocs aux intrus ; à part cela, il est doux comme un mouton.

Lewis

Comme son copain **Jerry,** il est à la fois drôle et attendrissant.
Ce nom convient à un mâle, moyen ou grand.

Lia

C'est une grande chienne de garde ayant fière allure.

Libellule ou Libelle

Toute petite chienne, fine et aérienne.
Elle est douce et donne de petits baisers irrésistibles.

Liberty

C'est une chienne indépendante et éprise de liberté.
De taille moyenne, un peu vagabonde, elle est si gentille pourtant !

Libido

C'est un petit chien un peu excité.
Peut-être aussi une petite chienne... pourquoi pas?

Lick

Il n'est pas avare de «grandes lèches» affectueuses.
C'est cependant un compagnon de taille respectable.

Lift

Il a trop grandi, haut sur pattes.
C'est un bon chien que vous prendrez en passant ou c'est
le chien d'un joueur de tennis.

Lilliput

Celui-ci n'a pas grandi du tout!
Si c'est une femelle ne l'appelez pas **Lillipute**!

Lily

Jolie femelle de taille moyenne ou grande.
Elle sera sûrement affectueuse, si ce n'est un peu trop
dépendante.

Limelight

En souvenir de Charlot.

Ce nom convient pour un mâle ou une femelle mais il est un peu long, **Lime,** plus court, serait mieux.

Lionel

Si vous aimez le jazz, Hampton vous a certainement laissé un souvenir impérissable !
Pour un chien moyen ou grand.

Lipstick

C'est une petite chienne câline.
Elle vous donnera des baisers indélébiles !

Lob

C'est le grand chien d'un joueur de tennis.
Ce nom court convient aussi pour un chien de chasse.

Lobby

C'est un chien moyen, mais bon gardien de votre entrée.
Convient pour un mâle ou une femelle.

Lock

C'est le chien de garde à enfermer chez vous !
Il est mâle, grand et vigoureux.

Loïc

Pour un chien de chasse, un *épagneul breton*.
Son nom claque sec!

Loir

C'est un petit dormeur!
Ce n'est certainement pas le compagnon de vos insomnies!

Lolita

Une ravissante petite chienne, un peu coquine et la coqueluche des mâles du quartier.

Lollipop

Encore une ravissante chienne qui donne des lèches amoureuses!

Lord

Un mâle de race et de classe.
Un bon chien de compagnie.

Lorry

C'est une grosse chienne du genre *mastiff* ou autre...
Pas très haute sur pattes, elle vous sera toujours dévouée.

Loto

La chance vous a déjà souri puisque vous l'avez trouvé !
Avec lui, vous ne perdrez jamais.
C'est un tout petit chien, rond comme une bille.

Loubard

Un grand chien, plein de poils, mal peigné, mais un cœur
d'or sous sa carapace un peu rustre.

Loulou

Pour un *papillon,* un *pékinois* ou un chien un peu
zazou... C'est votre petit compagnon à pattes.
Au féminin, cela serait **Louloute**.

Loup

Pour un *chien loup* ou pour un *berger.*
Il se doit d'être grand et bon gardien.

Loustic

C'est un petit chien, malin et rusé !
Mais il est si amusant que vous lui passerez tout !

Louve

Pour une grande chienne à l'instinct maternel développé
et qui est destinée à la reproduction.

Lovely ou Love

De taille petite ou plus grande, cette chienne doit être
très jolie et très tendre.

Lucas

C'est un grand chien de garde.
Il est bon et son nom court devrait le rendre obéissant.

Lucia

C'est une chienne moyenne ou grande.
Son nom très doux la rend encore plus affectueuse.

Lucifer

Pour un chien tout noir, un chien de garde qui fait peur.
Cela ne veut pas dire que ce ne sera pas, en petit, un bon
«petit diable»!

Luciole

C'est une petite chienne blanche.
Une lueur dans votre vie de tous les jours.

Luck

C'est le chien que vous offrirez à un joueur. Il en aura toujours besoin!
Un grand chien de chasse ou de garde.

Lucky (Luke)

C'est l'inséparable de **Jolly**.
Un chien policier de taille moyenne, mais au flair incomparable.

Lucrèce

C'est une belle chienne, un peu fatale pour les chiens du quartier qu'elle méprise du haut de sa superbe!
Son amie s'appelle **Borgia**!

Ludwig

C'est un *berger* ou un *braque allemand*.
Il est bon gardien et bon chasseur et ne quitte pas vos bottes.

Luigi

Plus petit et plus fanfaron, celui-ci vous amusera toujours.
C'est aussi un petit Don Juan de quartier....

Lulu

Mâle ou femelle, c'est un petit chien affectueux.
Je vois mal un *bouledogue* s'appelant Lulu!

Lupin

Pour un chien policier ou un chien de garde.
Il sera sûrement fine mouche pour déjouer les astuces
des malfaiteurs!

Luron

C'est un petit chien joyeux et un peu fanfaron!
Il est de très bonne compagnie.

Lusty

C'est un chien (ou une chienne) de taille moyenne, un
peu râblé.
C'est un compagnon agréable et confiant.

Lutin

Un petit cabotin, espiègle en diable et tête en l'air.
C'est l'ami des enfants.

Lydia

Pour une grande belle chienne, un peu distante et peu

chaleureuse.
Elle aura autant de classe que de race.

Lynx

Il voit tout, il sait tout.
C'est un bon chasseur. Ne croyez pas pour autant que ce
ne soit pas un fidèle compagnon.

Macbeth

C'est une tragédienne, elle a le regard grave d'une chienne fidèle et un peu triste.

Machin

On ne sait pas très bien quelle est sa race.
C'est une chienne moyenne et bien sympathique.

Macho

C'est un mâle, grand et costaud ; aucune femelle ne lui résiste !
Bon chien de garde pour la vertu des jeunes filles...

Madness

Mâle ou femelle, c'est un chien un peu fou!
Mais qu'importe, vous en serez fou aussi.

Mado

C'est une femelle, jolie, de taille moyenne ou grande.
Bon pour un chien de garde ou de chasse.

Madone

C'est une jolie petite chienne, pas sauvage pour un sou.
Quand elle prend ses airs du même nom, vous ne résistez
plus.

Mady

Un peu sotte, c'est une gentille petite chienne qui vous
jouera bien des tours.

Mafia

C'est le chien d'un inspecteur de police.
Une jolie chienne, très intelligente et un peu roublarde.

Magali

Une chienne très sentimentale comme cet auteur de
romans féminins d'autrefois.

Elle est très attendrissante.

Magda

Ce nom, un peu flamand, convient pour une grande chienne de garde.
On l'imagine blonde et un peu massive.

Maggie

Pour une petite chienne langoureuse.
Un peu fille des rues, méfiez-vous de ses chasses...

Maggy

Un peu plus grande que la précédente, plus coquine aussi et plus sportive.

Magma

Curieux mélange de races ou par ironie pour un chien de grande race ; mâle ou femelle.

Magnat

Si vous travaillez dans les pétroles...
C'est le nom d'un grand chien de valeur.

Magot

Si vous êtes économe... ou un peu truand, c'est un nom amusant pour un chien petit ou moyen!

Maigret

C'est le chien d'un détective ou d'un policier. Il a du flair.
Il ne faut cependant pas le laisser prendre de l'embonpoint!

Maître

C'est le chien d'un avocat ou de celui qui en fréquente beaucoup! Ce nom défoulera le maître et le chien!

Major

C'est le défoulement d'un adjudant!
Il risque cependant de le réprimander sans raison apparente.

Maldoror

Si vous êtes romantique, si votre chien hurle en chantant; c'est un nom prédestiné.

Man

Prononcez Manne. Signifie «homme» mais est actuelle-
ment utilisé fréquemment dans le langage artistique et
traduit en français par **Mec**.
Version moderne du nom de chien **Boy**.

Manchot

S'il marche sur trois pattes ou s'il est un peu maladroit,
ce nom implique aussi un chien noir à plastron blanc.

Mandrake

C'est un chien de science-fiction ou de bande dessinée!
Mâle ou femelle mais de race insolite...

Mandrin

Un peu voleur mais si sympathique!
C'est le héros des petits et des grands.

Mango

C'est un chien un peu exotique comme le fruit qui porte
ce nom.
Un chien mexicain par exemple.

Manon

C'est une grande chienne superbe et digne.
Elle sera bonne tragédienne.
Si vous connaissez la spécialité en confiserie, vous apprécierez ce nom!

Manouche

Elle est extraordinaire, la preuve.. c'est mon chien! Si elle n'a pas de pedigree, elle a pourtant de la race, mélange d'*épagneul breton* et de *setter*, ce n'est pas mal!

Manu

Un grand chien ou moyen, adroit et bricoleur, un bon copain aussi pour vos enfants.

Marabout

La perle des chiens, comme la perle des éditeurs!
C'est un chien intelligent et vif.

Marat

C'est un nom lourd à porter; ne laissez jamais votre chien prendre son bain trop longtemps!

Maraudeur

Il vous entraînera devant l'étal du boucher en espérant y ramasser quelque morceau!
Ne le laissez jamais seul à la cuisine, il ne sait peut-être pas encore ouvrir le frigidaire, mais qui sait?

Marco

Son copain s'appelle **Polo**.
C'est un grand bon chien qui adore les grandes randonnées, à défaut de voyages, il répond vite comme un chien de garde ou de chasse.

Margot

C'est une chienne qui est douce et gentille avec tout le monde.
Bonne mère, elle est prête à nourrir même les chats!

Mario

C'est le chien de garde d'un restaurateur italien.
C'est un bon grand chien.

Marius

C'est sans aucun doute un provençal!
S'il n'est pas de la race la plus pure, il plaît cependant tant il est enjoué.

Mark

Son copain s'appelle **Twain** ou **Philips**.
C'est un grand chien de garde comme de chasse.

Marquise

C'est une petite chienne raffinée. J'imagine bien un *caniche nain* gris.

Marshal

C'est un chien de police, son nom convient très bien pour la campagne ou dans l'ouest !

Marsupilami

C'est un chien amusant, jaune à taches noires (!)
Très adroit et à la limite un peu singe. Il a une longue queue.

Martingale

C'est le chien d'un joueur invétéré. Celui qui lui portera chance en toutes circonstances.

Marx

C'est le chien d'un socialiste... ou celui d'un partisan de l'extrême droite... c'est de toutes façons un chien à «parti pris»! Un grand chien de garde ou de chasse.

Mary

Une petite chienne à la voix perçante.
Sa compagne peut s'appeler **Queen.**

Mascotte

C'est la chienne du régiment ou de la classe.
Elle est drôle et gentille avec tous.

Maso

Son copain s'appelle **Sado.**
C'est un grand chien de garde, il fait peur à tout le
monde et aboie quelquefois devant un miroir pour se
faire peur!

Mastic

Il est beige ou blanc sale.
C'est un gentil chien, petit ou moyen.

Matamore

C'est un grand chien de garde ou un tout petit chien qui
aboie fort... et s'encourt très vite!

Match

C'est un grand chien de garde.
C'est le chien d'un sportif de terrain... ou de petit écran!

Matou

Ce nom de chat convient aussi très bien à un petit chien mâle.
On l'imagine un peu gros et bien confortable.

Matricule

C'est le chien d'un militaire ou celui d'un gardien de prison.
C'est un chien petit ou moyen.

Mauviette

C'est une petite chienne un peu malingre.
On voit un *toy* ou un *pinscher*.

Max

C'est un bon gros chien, celui d'un explorateur.
Ce nom claque court et sec; il convient donc pour un chien de chasse également.

Maxi

C'est le grand compagnon de **Mini**.
On imagine un *boxer* ou un *berger*.

Mazout

Il a le poil brun (et non le poële).
C'est un chien de taille moyenne. Il a un solide appétit en hiver et vous coûte de plus en plus cher!

Mec

Convient à un chien de chanteur Pop, style berger allemand... d'un auteur de polar ou d'espionnage aimant être dans le vent USA — quoique déjà Baba Cool!

Média

C'est le chien d'un publiciste.
Mâle ou femelle, il se doit d'avoir le physique plaisant et une certaine classe.

Médium

Il est tellement turbulent qu'il renverse les tables en voulant les faire tourner!
C'est le chien d'un astrologue ou d'un radiesthésiste...

Médius

C'est le chien d'un orthopédiste ou celui qui est de taille moyenne, ou d'âge moyen entre deux autres...

Médor

Nom typique; pour un grand chien cela fait un peu banal.
Pour un *yorkshire* par contre, c'est amusant!

Melchior

C'est un des rois mages, son copain s'appelle **Balthazar.**
On voit un grand chien, brave et bon.

Melmoth

C'est un chien errant que vous accueillerez chez vous.
Il est assez mystérieux quant à ses origines.

Mélo

Dès qu'il (ou elle) pleure, il a des trémolos dans la voix!
C'est un chien dramatique, à la truffe pathétique...

174

Mémo

C'est le petit chien que l'on offre à une amie pour qu'elle se souvienne toujours de vous.

Menuet

Encore un petit chien racé et élégant!
Le parfait chien de salon. Méfiez-vous de ses concerts!

Merci

C'est le chien d'un distrait, il a oublié de le dire!
C'est aussi le chien que vous offrirez en remerciement.

Mercure

Que ce soit l'astrologie qui vous inspire ou le thermomètre, c'est le nom d'un grand chien un peu frileux!

Merckx

C'est le chien d'un coureur cycliste ou d'un amoureux de la pédale!
Il n'est pas très malin mais arrive toujours le premier.

Merlin

C'est un enchanteur, un chien qui a ce côté merveilleux et toujours étonné.

Il a de grands yeux qui ravissent.

Merry

Chien ou chienne de caractère joyeux.
Il sera de taille moyenne ou petite.

Messaline

C'est une belle grande chienne qui fera des ravages.
Elle a autant de race que de classe.

Météo

Son poil frise quand il pleut et il aboie à la pleine lune!
L'orientation de ses oreilles devrait vous annoncer les changements de temps!

Mic

C'est le copain de **Mac**.
Ces deux chiens seront petits ou moyens. De race courante et sans pedigree mais ce sera une bonne paire d'amis.

Miche

Une belle grande chienne à l'arrière train généreux.
Les mâles en pinceront pour elle.

Michka

C'est un chien moyen, un peu espiègle, mais qui a mauvais caractère. Il adore le tapis plain pour y ronger ses os. Peut s'appeler aussi **Mimine** dans l'intimité.

Michou

Une gentille petite chienne de bistrot. C'est celle qui plaît à tous et qui a l'art de consoler les esseulés.

Mickey

Un petit chien qui ressemble un peu à une souris. C'est assurément un bon compagnon.

Micmac

Nous avons vu **Mic** et son copain **Mac**, cette fois c'est un seul chien; mais en le voyant on ne trouve pas toujours les origines de son pedigree... mais quel compagnon!

Micro

C'est le chien d'une vedette, à moins qu'il n'aboie trop fort... ou qu'il ne soit aphone comme certains...

Microbe

C'est le petit chien d'un médecin ou d'un laboratoire.
Il est petit et drôle à la fois.

Midget

Encore un petit chien, mâle ou femelle; On peut faire
Midgette également, en prenant quelque liberté de langage.

Mignon

J'ai connu une jeune femme qui, voyant un monstre,
disait «qu'il est mignon». Cela vous donnera peut-être
l'idée d'appeler un *doberman* Mignon! Pour la femelle,
ce sera **Mignonne**.

Milady

Est une chienne de race, un peu courtisane, mais
superbe.
Avec Richelieu ou **d'Artagnan**, cela ferait un bel assorti-
ment!

Mildiou

Est un nom amusant pour un chien qui défoule et se
défoule.
Chien petit ou moyen, de race indéterminée.

Milosz

A prononcer **Miloche** ou **Milouche**, du nom du prix Nobel de littérature d'origine polonaise.

Milou

C'est le chien de Tintin, convient particulièrement à un *fox-terrier* à poils durs.
Il a la tête carrée et une intelligence supérieure.

Mimile

Il n'a pas inventé le fil à couper le beurre, mais c'est un bon chien dévoué.
Un chien de taille moyenne de n'importe quelle race.

Minet

C'est le copain de **Maxi.**
Vous pouvez aussi donner ce nom à un grand et bon chien du genre *saint-bernard!*

Minos

C'est un grand chien de garde.
Dès qu'il montre les crocs, les plus intrépides s'encourent!

Minus

C'est un chien nain, très drôle et gentil.
Son intelligence n'est peut-être pas supérieure.

Mirabelle

Une ravissante chienne de compagnie.
On imagine bien un *caniche* abricot, toute douceur.

Mirador

C'est un grand chien de garde. Rien ne lui échappe, il a
tout vu et tout entendu et gare à celui qui approche... et
qui n'est pas son maître !

Miranda

C'est une belle grande chienne, elle a de la race.
Chienne de compagnie ou de garde.

Miss

C'est une chienne de toujours, la copine des bons et des
mauvais jours.
C'est une célibataire endurcie.

Misty

C'est un chien gris, tout en poils.

Mâle ou femelle, il est de taille petite ou moyenne.

Mixoup

C'est un chien où l'on retrouve toutes les races.
Mais il est intelligent et dévoué.

Modeste

C'est un petit chien discret, tout en nuances.
Son copain s'appelle **Pompon** et aime à se faire désirer.

Module

C'est le chien d'un architecte ou d'un matheux...
Un petit chien drôle et sympa!

Mohair

On le croirait en peluche, tant son poil est laineux!
C'est un chien de compagnie, moyen ou même plus grand.

Moineau

Un petit chien si attendrissant qu'il semble tombé du nid!
Mâle ou femelle, il sera menu et attachant.

Moïse

Il nage très bien car il s'est sauvé des eaux!
Un grand chien affectueux.

Moka

Sa couleur lui a donné son nom.
Mâle ou femelle, c'est un chien doux et attachant.

Molécule

C'est le petit chien d'un chercheur ou d'une centrale nucléaire... à moins qu'il ne soit celui d'un écologiste!

Molloy

Il est confortable et affectueux. C'est un grand chien tout en douceur.

Molosse

Un grand chien de garde ou un petit chien de compagnie (pour le gag)!
Son aspect terrifiant ne l'empêche pas d'être un bon compagnon.

Mondaine

C'est un chien de brigade de police.
... ou une femelle, jolie et un peu espiègle.

Monkey

S'il fait le singe plus tard, il faudra penser au déterminisme des appellations.
Un petit chien coquin.

Mono

C'est le chien d'un seul maître.
Il est bon comme le pain et affectueux avec vous.

Monôme

Un chien de mathématicien.
Petit de taille mais assez farfelu.

Mop

C'est un chien, plein de poils, mal peigné comme peuvent l'être un *yorkshire* et un *schnauzer*.

Mordicus

Il est têtu comme une mule et aime mordiller dans tout ce qu'il rencontre !

Morris

Il vous jouera des tours, c'est un coquin !

Il redessine très bien les parterres du jardin quand il creuse...

Mortimer

C'est le copain de **Black.**
Un grand bon chien au poil brun et touffu.

Mosca

C'est une grande chienne de bonne race.
Elle a un pedigree impressionnant.

Motus

On voudrait qu'il n'aboie plus quand on l'appelle !
Un grand chien de garde.

Mouflon

C'est un gros chien à la course lourde, un peu maladroite. Mais il est si bon et si doux !

Moulinette

C'est une toute petite chienne qui mange précieusement.
Elle a les pattes fines et gracieuses.

Moulouk

C'était le chien de Jean Marais après la guerre.
Mon premier chien s'appelait ainsi.

Moune

C'est un beau nom pour une grande chienne belle et
grave.
Son attachement et sa fidélité seront immenses.

Moustache

C'est un petit chien aux grandes moustaches.
C'est peut-être le chien d'un coiffeur!

Mouton

C'est un *caniche* bien sûr! Vous le ferez toiletter comme
un agneau. Il est tout blanc, car s'il était noir, on l'appel-
lerait plutôt **Astrakan.**

Mucus

C'est un bon chien, son maître est médecin.
Son nom sonne assez court pour la chasse.

Muscat

Pour un chien de taille moyenne ou grande.
Il pourrait vous causer des pépins!

Musette

Pour une petite chienne drôle et affectueuse. De celles que l'on peut transporter dans un sac!

Must

C'est un chien très snob et assez coûteux.
Il ne mange que des plats de prix...

Mutine

Une petite chienne au regard câlin.
Elle est un peu espiègle mais très affectueuse.

Nabucet

Pour un petit chien, si vous avez aimé «le sang noir» de
Louis Guilloux.

Nadja

Pour une chienne grande ou moyenne, un peu grave.
C'est aussi une héroïne d'André Breton.

Nana

Si vous avez lu Zola, si vous avez une jolie chienne ou si
vous êtes un peu «macho»!

Nancy

Pour une chienne moyenne ou grande.
Convient aussi pour une chienne de chasse.

Nanny

C'est la compagne de jeu des enfants.
Une chienne petite, moyenne.. très douce avec les jeunes enfants.

Napoléon

C'est un très grand chien ou en mémoire de l'Empereur, un petit chien très batailleur.
Méfiez-vous qu'il ne pose sa patte droite sur son poitrail!

Narcisse

Il ou elle (car ce peut être un mâle ou une femelle) est beau et le sait.
Il se lèche beaucoup!

Natacha

Une chienne de compagnie, jolie et douce.
Ce nom russe sonne plus doux que son homologue français : **Nathalie**.

Navette

Elle fait des aller et retour sans cesse quand vous la promenez.
Pour une chienne petite ou moyenne.

Négro

Il est tout noir... ou tout blanc!
Vous aimez le jazz?

Nelly

Ou aussi **Nell**, pour une jolie chienne amusante et douce.

Némo

C'est le chien du capitaine, ou plus simplement si vous avez aimé Jules Verne.
Cela convient à un grand chien calme.

Nénesse

Pour l'amateur de Zazie.
C'est le chien qui ne vous perd jamais, même au bistrot.
Pour une petite chienne amusante.

Néron

C'est un grand chien à l'aspect féroce.
Il impose le respect par sa classe.

Neutron

Le chien d'un scientifique ou un chien au poil ou à la race indéfinissables.
Un mâle de taille moyenne.

Nice

A prononcer à l'anglaise, c'est une chienne agréable et jolie à regarder. «A very nice dog»

Nick

Un chien de chasse ou de garde.
Quand il sera vieux vous l'appellerez **Old Nick** et cela vous fera penser au rhum... ou au diable !

Nicotine

Si c'est un mâle : **Nicot**.
On vous l'a offert parce que vous vous êtes arrêté de fumer.

Nicou

Pour un chien ou une chienne (puisque c'est le diminutif de Monique).
Un chien de taille moyenne ou grande..

Nigaud

Il est un peu pataud et pas très intelligent.
C'est pourtant un bon chien affectueux.
On l'imagine grand.

Ninette

Sa maîtresse s'appelle Ninette, elle a d'ailleurs contribué
à la rédaction de cet ouvrage. Pensez à elle et aux quiproquos, du fait que portent le même nom et la maîtresse, et
le chien !

Nippy

Cela signifie «souple» en anglais.
C'est pour un chien mince et alerte ; mâle ou femelle.

Nitouche

C'est une petite chienne classique et un peu triste.
On lui donnerait le bon Dieu sans confession !

Nobody

C'est le chien de Jean-Claude Brialy.
C'est tout le monde et personne.
Le nom n'impose pas un pedigree.

Noctambule

C'est le chien qui vit la nuit. C'est aussi un bon nom de chat ; car cette vie est plus dans sa nature.

Noisette

Elle n'est pas grande mais elle est affectueuse et... à croquer !
C'est une jolie chienne de teinte noisette.

Non-lieu

C'est le chien d'un juge ou d'un avocat.
C'est un grand chien calme et qui ne perd jamais son sang-froid !

Nora

C'est une grande chienne de garde ou de chasse.
On l'imagine bien toute noire et très digne.

Noria

Elle ne doit pas être aussi grande que Nora. Mais elle aussi doit avoir de la classe.

Nosferatu

Un grand chien noir à associer avec **Dracula**.

Ce *chien-loup* fera peur dans la nuit ; on l'imagine hurlant dans la lande.

Nougat

C'est un petit chien blanc ou beige clair avec quelques taches brunes ou beiges.
Il est à croquer !

Nougatine

Le féminin-chien de **Nougat**.
Pour une petite chienne douce et affectueuse.

Nounou

C'est une grande chienne douce avec les enfants qu'elle garde à merveille.
Ne soyez pas avare de caresses avec elle.

Novice

Une chienne noire avec une tache blanche au front ou sur le museau.
De taille moyenne ou grande.

Numéro

C'est un petit chien frippon.
Il a plus d'un tour dans son sac. Nom amusant pour un chien de cirque !

Nunuche

Un peu rond, trop bon, pas très malin mais adorable.
Convient à un mâle ou à une femelle.

Nurse

Plutôt pour une femelle.
Voyez la définition de **Nounou** et reportez-la sur un chien
de race anglaise.

Obélix

C'est un grand gros chien, costaud.
C'est le copain d'**Astérix** et d'**Idéfix**. Méfiez-vous qu'il ne transporte les pierres de votre jardin !

Obtus

C'est un grand chien un peu têtu ! Du genre de ceux qui se cognent dix fois sur le même obstacle...

Obus

C'est un bon gros chien au poil court. Un *boxer* par exemple.
Il est rapide et efficace.

Octave

Pour un musicien ou un amateur des pays nordiques, ce chien sera grand et calme.

Odyssée

Si **Iliade** est un nom un peu difficile à porter par un chien, Odyssée convient à une petite ou moyenne chienne qui a un long pedigree derrière elle...

Œdipe

Sans complexes, vous appelerez ainsi votre chien et sachez qu'il (ou elle) sera attaché à son maître.

Offset

Pour le chien d'un «maître» en arts graphiques!
Convient bien à un *basset* ou à un *teckel*.

Offside

Toujours un peu à côté de la plaque.
Peut être de race presque pure.
Mais un bon grand chien, celui d'un amateur ou d'un joueur de football.

Ogre

Tout petit, il dévorait déjà! Le nourrir n'est pas une sinécure!
Au féminin, **Ogresse** sonne moins bien.

O.K. ou Okay

C'est un petit chien sans problèmes.
Son copain pourrait s'appeler **Coral**.
Convient à un grand chien de garde.

Olga

Pour une grande chienne aux longs poils et au regard mouillé.
Pas très vive, elle est plutôt du genre langoureux.

Olive

C'est une chienne un peu malingre. Son copain s'appelle **Popeye** ou **Marius**.
Convient bien dans les régions de Provence ou mieux du Roussillon.

Oliver

C'est le copain de **Twist**.
Le nom est un peu trop long pour un chien de chasse.
Convient plutôt pour un chien de taille moyenne et de bonne compagnie.

Olympio

Pour un grand chien à la démarche hautaine, ou pour un passionné de Victor Hugo.

Only

Si vous lui donnez un compagnon (ou une compagne) il s'appellera **You**!

Ophélie

Celle que je connais est un *cocker* aux longs poils noirs et au regard mouillé.
Elle déborde d'affection.

Opium

Un beau grand chien, vous y serez passionnément attaché.
Il sera difficile de vous en passer!

Oratorio

C'est un petit chien qui a un bel organe (je veux dire une belle voix!)
Ses aboiements, s'ils sont mélodieux, seront peut-être trop fréquents.

Orbite

C'est un chien de l'ère spatiale.
Il est tout rond, tout dodu. S'il a un compagnon élancé,
vous l'appelerez **Fusée,** s'il est comme lui, assez rond, ce
sera **Satellite.**

Oreste

Un peu tragique, le chien !
Il est grand, de race noble mais a le regard grave et
accusateur !

Organe

Il a une bonne voix et c'est pourtant un tout petit chien !
Vous avez intérêt à avoir une bonne isolation accousti-
que !

Orgasme

Nom de chienne assez difficile à placer sans choquer !
Je vois mal Madame promenant son chien et appelant :
«Viens orgasme !»

Orgel

C'est le chien d'un Comte.
Il est grand et bien stylé. C'est un chien de chasse ou un
bon gardien.

Orgie

C'est une femelle superbe, mais méfiez-vous qu'on ne vous prenne pour un (ou une) autre si vous l'appelez en public !

Orphée

Pour une belle chienne aux longs poils.
Elle a le regard un peu tragique ; son copain pourrait s'appeler **Satan** ou **Enfer**.

Oscar

C'est une vraie vedette, un beau chien de taille moyenne ou grande.
Il est bon comme le pain mais peut-être pas très fûté !

Oseille

Son copain s'appelle **Fric** ; c'est une belle chienne de grande valeur.
Vous pouvez aussi l'associer à la paire **Galette** et **Grisbi.**

Osiris

C'est une vraie déesse ; elle est superbe.
Sa copine s'appelle **Isis.**

OSS 22 (ou 117)

C'est un chien policier sans pareil. Il a du flair.
Son copain, un peu moins fûté, s'appelle **Flic.**

Othello

Un grand chien qui a beaucoup de classe, Je le vois tout noir, au poil luisant et au regard franc.

Otto

Pas très malin, mais gros chien de garde.
Il aime la bonne cuisine et a une certaine tendance à l'embonpoint. Faites-lui faire de l'exercice !

Ouragan

Lui, ce n'est pas l'exercice qui lui manque ! Il renverse tout sur son passage.
Mais c'est un bon chien de garde ou un chien policier.

Ourson

C'est un petit chien tout en poils. Il est tout doux.
Son copain et sosie s'appelle **Nounours.** Il est doux avec les enfants.

Ouste

Il est souvent dans vos pieds mais il est si gentil que vous aurez de la peine à le repousser!

Outlaw

C'est le chien d'un policier ou d'un hors-la-loi!
Il est grand, beau et fort. C'est un vrai gardien même si son pedigree n'est pas très orthodoxe!

Outside

C'est un grand, gros chien d'extérieur. A moins que ce ne soit le chien d'un joueur de football!

Overdose

Ce chien est en trop, vous en aviez déjà plusieurs, mais il vous a séduit, envoûté, vous ne pourrez plus vous en passer!

Ovule

C'est une petite chienne tout ronde.
Elle sera mère de famille nombreuse, méfiez-vous!

Oxo

Un grand chien ou un chien moyen.
Ce nom court convient bien pour un chien de chasse.

Pablo

En souvenir de Picasso, si vous avez un chien qui a une tête un peu curieuse; une oreille blanche, une oreille noire... et la truffe un peu de biais!

Paddy

Pour un chien bien rond, bien rembourré!
Mâle ou femelle, de taille moyenne.

Paillard

Pour le chien d'un éternel étudiant!
On imagine un bon gros chien débonnaire.

Pally

Chien ou chienne de petite taille ou de taille moyenne, à
l'amitié fidèle.

Paméla

Pour une jolie et douce chienne.
Elle peut déjà être de grande taille mais c'est le nom d'un
chien de compagnie.

Panda

Proche de l'ourson, c'est le nom d'un petit chien tout en
poils et très jouette.

Pandore

C'est le chien d'un policier ou d'un truand.
Un grand chien de garde.

Pangloss

C'est un géant mais il est aussi fort que bon.
Il ne ferait pas de mal à une mouche, ce qui n'empêche
qu'il puisse garder la maison.

Pantagruel

Il a bon appétit et vous aimez Rabelais!
Son copain peut s'appeler **Gargantua**.

Pantalon

Personnage de comédie, il est déroutant tant il est drôle!
Vous aimerez ses facéties.

Panurge

Il est frisé comme un mouton... ce doit être un *caniche!*
Il vous suivra partout.

Paola

Cette chienne a un port de princesse.
Son copain s'appelle **Polo**.

Papillon

Il a les oreilles au vent. Il peut être de race *papillon* ou
tout à l'opposé.
Sa compagne pourrait s'appeler **Libellule**.

Paprika

C'est un petit chien qui ne manque pas de piquant!
Il est vif et un peu agressif.

Pardaillan

C'est un chien chevaleresque, même s'il se fait un peu voleur de temps en temps!

Paria

Elle (ou il) est bonne pour toutes les tâches.
C'est un chien intelligent et efficace.

Particule

C'est un chien noble mais tout petit.
Sous ses aspects un peu fiers, il a un grand cœur.

Passe-partout

Il est petit et mince et se faufile toujours par des chemins impossibles!
De plus, sa gentillesse lui ouvre toutes les portes

Pastis

Il aboie non sans une pointe d'accent du midi!
C'est un grand bon chien, un peu vantard.

Pat

C'est un beau et grand chien (ou une chienne).

Ce nom court sonne bien pour un chien de chasse.

Pataud

Il a de grosses papattes et n'est pas des plus adroits!
Mais il sera d'une telle douceur...

Patty

Nom très court pour une petite chienne.

Paulou

C'est l'équivalent de Paul dans le Midi.
C'est le nom gentil pour un chien moyen ou grand.

Peacock

Il est fier comme un paon.
C'est un beau chien-chien et il le sait!
Petit ou moyen.

Peanuts

C'est le chien amusant d'un bistrot ou de son meilleur
client!
Ferait une bonne paire avec **Snoopy**.

Pécuchet

C'est le copain de **Bouvard.**
J'imagine un petit chien mince et amusant.

Pécule

C'est un chien économe. Il se constitue un petit magot
d'os qu'il cache soigneusement !
Mâle, il est de taille petite ou moyenne.

Peluche

C'est un *caniche* ou un *terrier.*
C'est une boule de poils, il est doux comme le compagnon de votre enfance.

Peloux

C'est «Chéri» de Colette qui m'a fait penser à ce nom
qui conviendrait très bien à un chien de taille moyenne,
très affectueux.

Penalty

Toujours le chien d'un joueur de football.
Il se doit d'être efficace et rapide.

Pénélope

C'est la chienne qui vous attend toute la journée chez vous, tandis que vous travaillez.
Elle a beaucoup de patience. Ne lui mettez cependant pas un manteau tricoté!

Penny

C'est une petite chienne qui n'a peut-être pas beaucoup de valeur mais qui est très affectueuse.

Pépin

C'est un petit chien, court sur pattes et très affectueux.
Il faut éviter qu'il ne vous en attire d'autres!

Perrito

Cela signifie «petit chien» en espagnol.
Cela vous rappellera peut-être les vacances?

Perro

N'oubliez pas de bien rouler les «r»!
«El perro andalous», cela ne vous rappelle rien?

Petdog

C'est presque un pléonasme, mais c'est sûrement le nom qui convient à un gentil petit chien de compagnie.

Peter

Pour un *chien-loup* ou celui qui a des principes.

Phèdre

Théâtrale cette chienne!
De longs poils soyeux et un regard profond.

Phil, Philéas ou Philips

Nom facile à placer pour un chien moyen ou grand.
Si c'est Philéas, son copain se devra d'être **Fogg**.

Piccolo

C'est un très petit chien, il est vif et drôle.
En diminutif, vous pourrez l'appeler **Colo**.

Pickup

Il est plutôt voleur mais c'est un gentil chien!
S'il aboie souvent, méfiez-vous, il a peut-être avalé une aiguille de phonographe!

Picpuce ou *Picpus*

Toute petite (ou tout petit) elle se grattait déjà !

Picrochole

Un petit peu arsouille mais d'une intelligence surcanine !
Convient à un chien petit ou moyen.

Pierrot

Il doit être blanc à taches noires ou noir à taches
blanches...
Il vous prêtera volontiers sa plume au clair de la lune !

Pietro

C'est un bon chien dévoué. Il est fiable à tous points de
vue : pas voleur, pas fugueur...

Pif

C'est un chien de bande dessinée.
Il est caricatural, les défauts comme les qualités sont
décuplés.

Pigeon

Il se fera piéger à tous les coups. Mais il est fidèle et
affectueux.

Piglet

Il est petit et rond comme un cochon de lait!
C'est évidemment plus joli que de l'appeler «porcelet»!

Pillow

Tout en poils, il est doux comme un oreiller.
C'est un bon chien affectueux, sa taille importe peu.

Pilule

C'est une petite chienne que vous appellerez ainsi pour
ne pas l'oublier!
Elle est drôle et mignonne.

Ping-pong

Convient particulièrement, de par sa sonorité, pour un
ou deux *Pékinois*!

Pingouin

C'est un chien noir au ventre blanc. Il a toujours l'air
d'être en habit!

Pinocchio

Ce chiot a une démarche un peu mécanique.
C'est cependant un compagnon fidèle.

Pin-up

Une superbe chienne au regard (... et au reste) irrésistible!
Son train arrière se dandine bien.

Pirouette

Petite chienne jouette.
Vous pouvez être tranquille à son sujet, elle se tire toujours, même des situations les plus difficiles.

Pispartou

Son nom le dit, il mettra longtemps avant d'être propre.
Mais, le torchon à la main, vous lui pardonnerez déjà!

Piston

Pour le chien d'un garagiste ou d'un joueur de clarinette!
C'est une bonne bête efficace et infatigable.
Il arrivera loin dans la vie.

Pistou

Comme la soupe du même nom, il a du chien ce clebs!
C'est un chien du Midi ou un souvenir de vacances.

Pitchoun

Encore un chien du Midi. Pour un mâle ou **Pitchounette** pour une femelle.
Chien petit ou moyen, très affectueux.

Placide

C'est le copain de **Pif** le chien. Il sera calme et sûr.

Plasma

Pour le chien d'un médecin ou d'un laboratoire.
Mâle ou femelle, c'est un chien grand ou moyen.

Pluche

Comme **Nounours** ou **Peluche,** ce nom convient à un chien tout en poils, que l'on prendrait pour un jouet.

Plush

Le même que le précédent mais en version anglaise.

Pluto

Peut-être pas très original mais sûrement sympathique.

Pogo

Pour un bon gros chien de garde par exemple.
Si vous lui donnez un ordre, évitèz «go», cela deviendrait compliqué!

Poil de carotte

Pour un chien roux.
Il sera ingénieux et tout en nuances. Ce sera un chien affectueux et fidèle.

Poirot

Le copain d'**Hercule** bien sûr!
Par déformation, évitez de l'appeler «poivrot», il risquerait d'y prendre goût!

Poker

Pour un joueur qui veut forcer la chance.
C'est un chien de taille moyenne... il est plein aux as!

Polka

Pour une belle chienne, de taille déjà respectable.
Une chienne de garde par exemple.

Pollux

Son copain s'appelle évidemment **Castor**!
C'est un chien drôle et tout en caresses.

Pommard

C'est un chien lourd et gourmet.
Vous ne lui ferez pas avaler n'importe quoi!

Pompon

Chien ou chat, ce nom est passe-partout; pour autant
qu'il ait beaucoup de poils et une impression de douceur.

Popeye

Sa protégée s'appelle **Olive**.
Il a des coups de force mais à part cela, c'est le meilleur
des chiens.
Méfiez-vous, si vous lui donnez des épinards!

Poppy

C'est une petite chienne tellement timide qu'on croirait
qu'elle rougit comme un coquelicot (son nom en français).

Porthos

Un mousquetaire de chien, un peu batailleur mais le cœur sur la patte !

Poséidon

Ce doit être un *labrador* car il nage bien !
Il aura une démarche de dieu.

Poster

A le voir, on le prendrait pour une affiche représentant le chien type ! Celui qui mange le bon miam-miam !

Potache

C'est le chien d'un instituteur ou du premier de la classe... à moins que ce ne soit du dernier !

Potty

Il est tout fou (ou toute folle).
C'est un chien petit ou moyen.

Pouliche

Haute sur pattes, cette chienne fait penser à une pouliche !

Elle est très belle et sa crinière flotte au vent.

Poupée

C'est une vraie chienne de salon, un peu fragile.
On aurait envie de la bichonner à chaque instant.

Praline

Aussi une jolie petite chienne de salon.
On l'imagine *yorkshire* ou *caniche,* un nœud rose ou bleu
dans le toupet!

Préavis

C'est un chien de chômeur ou d'employeur.
Il coûte assez cher à l'entretien.

Préfixe

Il marche toujours devant vous.
Il est un peu borné peut-être.

Prépuce

Pas facile en public. Son maître l'a fait circoncire.
Pour être discret, vous pourrez toujours utiliser **Pupuce**,
le chien comprendra, les autres pas!

218

Prévenu

Son maître est avocat, juge ou substitut.
Un chien de ce nom en vaut deux, il se doit donc d'être grand !

Prolo

Pour le chien d'un syndicaliste ou d'un grand patron.
C'est un grand chien, bien nourri.

Prométhée

Il est couleur feu, c'est un *setter*.
Ce nom convient pour un mâle comme pour une femelle.

Proxy

C'est le chien d'un galant homme... ou d'une galante dame.
Mâle ou femelle, ce sera un chien attachant.

Prunelle

C'est une petite chienne au regard langoureux.
Elle a pourtant un petit côté piquant et vif.

Psy

Ce chien a des facultés spéciales. Ses maîtres l'on adopté comme psychothérapie de couple (ou de groupe).

Puce

Elle est petite et en porte peut-être déjà quelques-unes sur elle!
Plus gentil encore, il y a **Pupuce**.

Puck

C'est un bon gros chien, doux et fidèle.
Le «u» se prononce «e».

Puffy

C'est un chien gourmand et rondouillet.
Mâle ou femelle, il sera de taille moyenne.

Pumpkin

Une petite chienne toute ronde, du genre boule.

Punch

Un chien de défense ou d'attaque et qui n'en manque pas!

Pour un gros chien, même pour un chien de chasse infatigable.

Puppy

Celle que je connais est un *teckel* à poils longs.
Elle est gentille, bien qu'elle n'ait pas très bon caractère!

Pupuce

Petite chienne (ou petit chien) quelquefois porteuse de petites bêtes qui piquent!

Pute

Grande chienne qui, dès son plus jeune âge, se couchait sur le dos pour se faire caresser!

Puzzle

Chien de race indéterminée; on y retrouve de tout, si l'on va de la truffe à la queue!

Pygmalion

Irrésistible, à la fois affectueux et coquin.
Un beau chien de compagnie qui fera des ravages.

Pygmée

Basset ou de race naine, mâle ou femelle.
Très drôle aussi pour un très grand chien.

Pyrrhus

Noble et digne pour un grand chien de race.
C'est un mâle de concours.

Quartz

Il a des heures fixes qu'il ne manque jamais.
C'est un chien précieux.

Quasimodo

Il n'est pas beau, mais vous en serez fou!
Avez-vous lu «Notre-Dame de Paris» de Victor Hugo?

Queen

Nom classique pour une chienne de race.
Elle se doit d'être grande.

Queeny

Aussi assez classique mais peut déjà être plus petite.
On peut aussi dire **Queenie**.

Quetsche

Si elle est petite et beige, c'est un peu l'équivalent de
couleur pâle de **Pruneau**.

Quick

Il est rapide.
Si vous connaissez vos classiques, son copain s'appelle
Flupke.

Quidam

C'est un chien qui a belle allure.
On n'est peut-être pas très certain de sa race.

Quinine

C'est une petite chienne un peu fiévreuse...
Elle est fine et douce.

Quinola

Celui que j'ai connu s'appelait «de bon vouloir».

Ce nom conviendrait peut-être mieux pour une chienne.

Quintin

Nom assez courant, déformation de Quentin.
Convient à un chien moyen ou gros, de race courante.

Quiproco

C'est un chien gag. Il arrive toujours un tas de choses sur son passage.

Quiproquo

Le même que le précédent mais d'une orthographe différente.

Quota

C'est le chien qu'il faut garder, même s'il n'est pas de garde.

Rabbit

C'est un chien qui court vite... à moins qu'il ne creuse des terriers.
Son nom signifie «lapin» en anglais.

Racaille

C'est le plus pur des chiens de rues! Il règne sur les poubelles du quartier.
C'est le plus malin!

Rachel

C'est une grande chienne un peu tragique.

Racing

C'est un chien de course, un *lévrier* peut-être....

Racket

C'est un chien bien organisé qui ramasse tout sur son passage !
Il a sa meute dans le quartier.

Racy

Il a de l'humour et est très fin.
Mâle ou femelle, vous ne vous ennuyerez pas !

Radar

Chien de chasse ou de garde au flair étonnant.
Il détecte le mondre gibier, comme le premier voleur.

Radius

Son maître est chirurgien orthopédiste.
S'il avait été chimiste, il aurait appelé son chien **Radium**.

Rafale

Il aboie comme une mitraillette! c'est un chien efficace.

Rag

Pour un grand ou un moyen chien.
Ce nom convient très bien pour un chien de chasse ou de garde.

Ragtime

Nom plus doux que le précédent. Convient pour un chien de plus petite taille.

Ralf

Celui que j'ai connu était un *lévrier afghan* à la noble démarche.
C'est le nom d'un grand chien.

Rallye

Pour le chien d'un amateur de courses de voitures.
Il appréciera les longs trajets, guettant néanmoins les étapes!

Ramuncho

Je vois un chien ayant le tempérament un peu mexicain :
assez exubérant.... mais appréciant tout de même les
délices de la sieste...!

Ranch

Pour un grand chien aimant les «grand espaces» et la vie
à la campagne.
C'est un bon chien de garde ou de troupeau.

Rantanplan

C'est un chien de bande dessinée : celui qui, après un
hold-up organisé, se dit «j'aurais pu aboyer...»
Il a toujours une longueur de retard.

Rase-mottes

Il se doit d'être *basset, teckel* ou autre court sur pattes.

Rasp

Signifie «lime» en anglais.
Ne le mettez surtout pas en cage, vous auriez des sur-
prises!

Rasta

Caniche royal, noir ou brun foncé, le moins possible tondu ou toiletté.
Dans le cas d'un couple de chiens, appelez l'autre **Reggae** (prononcer Rigai).

Rastignac

Il apparaît dans «le Père Goriot» de Balzac.
Pour un chien de grande taille, élégant et sûr de lui.

Rattle

Pour une moyenne ou petite chienne.
Elle est très vive et jappe sans arrêt !

Ray

C'est le nom d'un grand chien, un peu costaud.

Razzia

Il ne mange pas, il dévore. C'est le vide après son passage.
Mâle ou femelle, de taille moyenne.

Ready

Inutile de le siffler deux fois, il est toujours prêt !

Qu'importe la taille, il est vif et intelligent.

Reagan

Il est présidentiel, même s'il ressemble à un chien de western!

Rebelle

Tout petit il vous a donné beaucoup de mal, il continue encore... mais avec l'âge peut-être!
Pour un mâle ou une femelle.

Record

C'est le chien d'un disquaire... ou celui d'un champion olympique.
Je vois un *greyhound* ou un *whippet*.

Réduction

Pour un de ces petits chiens miniature... à moins que ce ne soit celui sur lequel on vous a fait une ristourne!

Reflex

Ou **Réflexe**, il n'en manque pas... c'est un vrai chien de Paulou. Pour un grand chien efficace.

Reine

Pour une grande belle chienne à l'allure majestueuse.
Elle sera de bonne race.

Relax

Son copain s'appelle **Max**, il se la coule douce.
Pas nerveux pour un sou, il n'exigera pas de vous un jogging quotidien.

Remède

Il est le compagnon de vos petits maux quotidiens.
Il est très affectueux et très protecteur.

Rémi

Cet Evêque de Reims a réussi à convertir Clovis, en le baptisant!
Ce chien, si vous l'appelez ainsi, vous convertira par sa douceur, et vous ne le quitterez plus!

Rémus

Ils n'étaient que deux dans la nichée, l'autre s'appelle **Romulus**.
Il connaît tous les chemins, surtout s'ils mènent à Rome!

Reply

Ce chien a réponse à tout, il obéit au doigt et à l'œil.

Ressort

Toujours en mouvement, jamais en place.
A peine assis, il se dresse déjà !

Result

C'est un résultat curieux, un cocktail de races assez bizarres.
C'est un mâle, très bon compagnon.

Rétro

C'est un chien qui fait un peu dépassé.
Un *caniche* toiletté d'une manière zazoue...

Rex

C'est un nom classique pour un grand chien.
En Belgique c'est moins courant cependant.

Rhum

C'est un *saint-bernard*, il est l'image d'une carte postale.
Il ne lui manque que son petit tonneau.

Richelieu

Pour un grand chien à l'allure fière et hautaine.
Il sera très discret, très entreprenant et efficace.

Rico

Diminutif d'Henri.
Pour un petit ou moyen chien, très malin et très vif.

Ricochet

Vous aimez les bandes dessinées, ou votre chien avance
par bonds !
C'est un petit chien très vivant.

Rictus

Quand il est content, il montre ses gencives comme s'il
riait !

Rigolo

Il n'a pas de pedigree mais c'est un comique !
Un chien de préférence petit, un chien-clown....

Rik

Un chien de taille moyenne ou grande, un *chien-loup* par
exemple, obéissant et efficace.

Riquet

Il a une petite houppe sur le sommet de la tête.
C'est un petit chien amusant.

Rob

Il est costaud, c'est un grand chien.
Bon nom pour un chien de garde ou de chasse.

Robic

Un chien breton, tenace et rapide.
Ce fut aussi un champion cycliste.

Robin

C'est un meneur de chiens!
Il adore se cacher dans les bois.
Pour un grand chien, assez batailleur.

Robinson

Son meilleur copain s'appelle **Vendredi**.
Il n'aime pas les endroits très fréquentés, et si vous le
perdez, n'ayez crainte, il est très débrouillard!

Robur

Pour un grand chien de garde. Son nom est un peu dur

mais il a bon cœur.

Roby

Un petit chien malin et bien sympathique.

Rocambole

Il lui arrive toujours des aventures rocambolesques!
Vous avez peut-être lu Ponson du Terrail?

Rock

Un chien qui bouge… et aboie en rythme!
Un mâle, grand ou moyen.

Rocket

Rapide comme la fusée. C'est un petit chien. Ce nom
n'est pas aussi péjoratif que **Roquet**.

Rocky

Plus petit que **Rock**, il n'en est pas moins frétillant!
Pour une femelle, ce sera **Rockie**.

Rodéo

C'est son numéro préféré! Il adore sauter, faire des cabrioles.
C'est un petit chien casse-cou...

Rodolphe

Un grand chien de race, imposant. Je vois un superbe *doberman* ou un *danois*.

Rodomont

Un nom un peu snob qui convient très bien à un grand chien un peu précieux et hautain.

Rodrigue

Chien moyen ou grand, à l'allure fière.
Ne vous demandez pas s'il a du cœur, il est bon malgré son apparence!

Roly-Poly

C'est une douce pâtisserie pour l'heure du thé.
Cela convient aussi pour une petite chienne un peu boule.

Roméo

Il a un faible pour **Juliette**...
Lorsqu'il est amoureux, il a tendance à hurler sous les balcons!

Romulus

Avec **Rémus**, ils sont inséparables! Pourtant ne les laissez jamais en tête à tête avec un os... ils risqueraient de se battre!

Roquet

Il a de belles oreilles et pas le moindre complexe, même si son pedigree est peu précis.

Roquette

C'est **Roquet** au féminin!
Une petite chienne vive et un peu arrogante.

Rosa

Une belle chienne au tempérament «latin».
Très affectueuse et très attachante.

Rosbif

Un gros chien puissant et amateur de bonne chair !
Gare tout de même aux mollets !

Rosette

Petite chienne sans grand pedigree, mais qu'importe, elle
est bien mignonne et un peu coquine.

Rothschild

C'est le chien ou le chat d'un employé de banque.
On peut toujours espérer....

Roublard

Eh oui ! il ne peut s'empêcher de vous jouer des tours !
Pardonnez-lui, il est bien sympathique.

Rouletabille

Son copain s'appelle **Fantômas.**
Il est drôle et rusé.

Rouquin

Un petit ou moyen chien, roux comme il se doit, tout
ébouriffé et avec une jolie frimousse...

Roxane

Un nom très beau mais très difficile à porter.
Je vois un *lévrier* femelle, à l'allure digne et noble.

Royalty

C'est le chien d'un écrivain ou d'un éditeur...
Il est très précieux et vous apporte beaucoup de joie.

Rubis

Un petit chien à mettre dans un écrin.
S'il a tendance à grossir, ne vous inquiétez pas, il prendra
de la valeur !

Rudy

Un grand bon chien, un peu pataud mais très fidèle et
très doux.

Rugby

C'est un fonceur, tête en avant, il fonce dans la mêlée !
Je vois un *boxer* tout en muscles.

Runner

C'est le chien d'un coureur (à pied bien sûr !) Il sera
toujours dans la foulée !

Rush

Il est très rapide, c'est un chien de chasse.
Son nom claque bien.

Rusty

Signifie «rouillé» en français, aussi il aura besoin de
beaucoup d'exercice.
Pour un mâle de petite ou moyenne taille.

Sabrina

Ce nom vient de Sabine.
C'est une jolie femelle, douce et affectueuse.

Sacapus

Cela fait mieux que «sac à puces». Mais il en avait déjà
pas mal tout petit.

Sacha

En souvenir de Sacha Guitry.
Si vous possédez un chien moyen ou grand qui adore vous jouer la comédie!

Sado

C'est le copain de **Maso**.
Il aime faire souffrir mais il a un cœur d'or!

Safety

C'est un bon chien de garde.
Avec lui vous serez toujours «safe».

Salami

Pour un *basset* ou un *teckel* ... un saucisson à pattes!

Salomé

Pour une jolie chienne ayant l'allure d'une princesse.
Elle a beaucoup de caractère et sait ce qu'elle veut!

Samson

Il a de longs poils. Il ne faut surtout pas le tondre... il perdrait tout son charme!

San Antonio

Son inséparable copain s'appelle **Bérurier**!
C'est un chien policier, très malin et très séducteur!

Sancho Pança

Il est assez ventru par rapport à son copain **Don Qui-chotte**.
Un bon chien fidèle et pataud.

Sandra

Un peu moins lourd à porter qu'Alexandra.
Une belle chienne, douce et calme.

Sandwich

Il mange toujours «sur le pouce»!
C'est le chien d'un célibataire, sans race bien définie.

Sandy

Pour un mâle ou une femelle de petite ou moyenne taille, adorable et espiègle.

Sapho

Adorable petite chienne qui a une multitude de «copines»!

Sara

Une belle chienne toute noire, élégante et racée.

S.A.S.

Un chien à particule... ou tout simplement le chien d'un agent secret.

Satan

Encore un chien descendu tout droit des «enfers»!
Il fait peur, il est tout noir... gare aux intrus.

Satellite

Un petit chien qui tourne constamment en rond.
Il est souvent dans la lune!

Saucisson

Je ne vois qu'un *basset*, pour ce nom... ou un *teckel*!
Il sera gourmand.

Sauterelle

C'est une grande chienne fine et haute sur pattes.

Saxo

Un chien de musicien ou pour un amateur de jazz!
Un grand chien, un peu mélancolique et grave.

Scalp

Un petit chien, rasé de très près... le régal des toilet-
teurs!
Il ne risque pas de semer ses poils!

Scapin

On le dit un peu fourbe, mais ce n'est qu'un jeu!
Un petit chien très vif et très nerveux.

Scaramouche

C'est un chien de petite taille, très vif et très intrépide.
Il est très amusant!

Scarlet

L'héroïne «D'autant on emporte le vent»...
Une très jolie chienne ayant beaucoup de caractère.

Scoff

Un grand chien de garde ou de chasse.
Il a un appétit dévorant.

Score

C'est un joueur, il veut être toujours le premier et le plus malin.

Scrap

Un chien de chasse ou de garde.
Très intelligent et un peu hargneux.

Script

Le rêve de sa maîtresse est de faire du cinéma ou de la «télé»!
Elle est marrante cette petite chienne!

Séba

Une grande chienne noire, celle que je connais est mère de famille nombreuse.

Sécotine

Amie de **Gaston,** c'est une chienne un peu gaffeuse.

Semi

De race peu déterminée, c'est un beau chien, comme le sont souvent les métis.

Mâle ou femelle.

Sergio

Le «beau Serge» en italien!
Un beau chien ténébreux et enjôleur....

Setup

C'est un chien bien ordonné. Il a ses heures, ses places, ses maîtres...
Il ne faut pas déranger ses habitudes.

Sexy

C'est une petite chienne aguichante.

Sganarelle

Si vous aimez Molière, vous apprécierez ce chien, pas très raffiné mais bien sympathique.

Shadow

Il vous suit partout comme votre ombre.
C'est un chien gris de taille moyenne.

Shakespeare

C'est un chien, un peu mystérieux, de race anglaise.
A l'allure un peu dramatique et très fin.

Sheba

C'est un diminutif d'Elizabeth.
Pour une grande belle chienne, ayant fière allure.

Shéhérazade

Une merveilleuse chienne noire, une sultane des mille et
une nuits..... très douce et très humble.

Sheila

Chienne un peu populaire, mais très bon public!

Shelley

Nom qui fut donné à un *fox terrier* à poil lisse, nommé
Airel sur son pedigree. Il fut le compagnon d'un chat :
Byron (prononcé à la française) et d'une tortue : «Frankenstein».
Et pour qui ne le sait pas, Ariel était le nom de la barque
qui fit naufrage où se trouvait Shelley, qui se noya. La
femme de celui-ci, écrivit Frankenstein et son frère, Lord
Byron, est l'auteur d'un poème à la mémoire de Shelley,
intitulé Ariel! Ouf!

Shérif

Il lui manque l'étoile. C'est un chien de garde ou de police.
Il est calme et efficace.

Sherry

Ce n'est plus un chien c'est une douceur!
Mâle ou femelle.

Short

Il est court sur pattes et pas très long non plus.
C'est un petit chien fort sympathique.

Shrimp

Signifie «crevette» en français.
Il n'est pas difficile de penser à une *levrette* grise, toute fragile.

Shylock

Pour un grand chien de garde ou de chasse.

Sigmund

Pour ne pas l'appeler **Freud**!
C'est un chien bourré de complexes.

Signal

Un bon chien de garde. C'est toujours lui qui aboie le premier... les autres suivent.

Sigrid

Une belle grande chienne qui vient du Nord...
Je vois un *dogue allemand* ou un *doberman*.

Silly

Il est un peu sot.... mais il est si attachant!
Mâle ou femelle, de petite taille.

Sindbad

Un héros de contes merveilleux... c'est aussi un chien intrépide et courageux!

Sinus

Son copain est évidement **Cosinus!**
C'est le chien d'un mathématicien.

Skate

Elle fait tous les trottoirs de votre quartier...
C'est une jolie femelle.

Sketch

C'est le chien d'un chansonnier... ou de celui qui aurait voulu l'être !

Skip

C'est un tout petit chien, très marrant, très vivant, et qui avance par petits bonds !

Slick

C'est un chien moyen ou de grande taille au poil très brillant.

Sloppy

Tout petit, il n'était pas très propre... mais en grandissant cela ne s'est pas arrangé du tout ! Il est toujours aussi peu soigneux !

Slump

Pour un grand chien, assez taciturne et solitaire.

Smack

J'ai déjà entendu ce nom-là quelque part ! De toutes manières, il sera parfait pour un chien obéissant, un chien d'arrêt ou de garde.

Smart

Qu'il soit noir avec un plastron blanc ou d'une autre couleur, il sera un chien d'une élégance raffinée!

Smicard

C'est le chien d'un Français moyen. Depuis 1981, il a plus à dire.

Smig

Il est très petit ce chien, c'est vraiment le minimum en matière de chien.

Smith

C'est mieux que **Dupont**.
Assez classique en Angleterre, c'est amusant en France!

Smoking

Tout noir, le plastron blanc... on le croirait en tenue de soirée.
Il fait la paire avec **Smart**!

Snack

Un habitué des «saucisses frites» de comptoir!
Ce n'est certes pas un fin gourmet....

Snif

Il a toujours la larme à l'œil... ou la goutte à la truffe!
C'est peut-être un *basset artésien* ou un *cocker*!

Snob

Il n'y a pas plusieurs solutions, c'est soit un chien très mondain et un rien maniéré, soit au contraire, pour rire un peu, le gros chien lourdaud, un peu rustique!

Snoopy

C'est un bon chien, auquel il arrive des tas d'aventures.
Il ressemble à celui de Schulz.

Snuff

C'est le chien d'un priseur de tabac.
Aussi il a souvent tendance à éternuer!

Socrate

Un grand beau chien, calme et réfléchi... un philosophe!

Sofia

Sofia Loren est votre actrice préférée?
Pour une belle grande chienne, plantureuse et pleine de charme à l'italienne!

Soft

C'est un petit chien tout moelleux et doux comme du velours.
C'est un plaisir de le dorloter!

Soleil

Pour un chien rayonnant... ou pour une chienne en forme de pleine lune!

Solo

C'est le chien d'un musicien.
Il n'a besoin de personne pour faire son numéro!

Sonia

Pour une femelle du genre slave... un *barzoï* par exemple!
Vous ne pourrez résister à son charme.

Sonny

Signifie «fiston» en français.
Vous l'aimerez comme un gosse!

Sono

Ne craignez pas de mettre votre «sono» à fond, il adore cela et a même tendance à battre la musique !

Sophie

Elle a beaucoup de petits malheurs, mais avouez qu'elle les cherche bien !
Une gentille petite chienne, un peu espiègle !

Sophinette

C'est la même en plus petit et encore un peu plus espiègle...

Soprano

C'est la chienne d'une chanteuse d'opéra... ou qui aurait voulu l'être !
Les coulisses sont sa résidence secondaire !

Sorry

C'est un tout petit chien qui prend un air désolé lorsqu'il a fait des bêtises.
Ne vous laissez pas faire !

Sosie

Il ressemble comme deux gouttes d'eau à son maître...
Qui copie l'autre?

Soupape

Pour le chien d'un garagiste. Il y a aussi **Piston**.
C'est un chien très vif et débordant de tendresse.

Sourdine

Il ne s'entendrait pas facilement avec **Sono**!
Peut-être est-il un peu dur d'oreille... c'est si pratique
quelquefois!

Spanky

Il a reçu pas mal de petites fessées quand il était petit... il
a déjà oublié, mais vous pas!

Speaker

Son maître travaille à la radio.
Un chien très vif et très intelligent, il ne lui manque que
la parole!

Speedy

Chien ou chienne très rapide à la course. Un *lévrier* par

exemple.

Spéléo

Il a tendance à creuser des trous.
Méfiez-vous que votre jardin ne soit plus qu'un labyrinthe.

Spirou

Son copain s'appelle **Fantasio.**
C'est un petit chien très vif, très malin et bien débrouillard.

Spot

C'est le chien d'une vedette, il est blanc avec des taches noires.

Sprint

C'est un chien rapide comme une flèche !
Il est imbattable à la course.

Squash

Pour un moyen ou petit chien, mâle ou femelle, ce sera un nom sympathique à porter !

Squire

Pour le chien d'un garde-chasse... ou d'un chasseur.

Staff

A lui tout seul, il est toute une équipe. Il vous sert à tout : garde, chasse, compagnie....

Stan

C'est un grand chien de compagnie, très calme et toujours gai.

Standing

Il a un pedigree qui en impose. Il fait d'ailleurs partie de votre propre standing !

Stanny

Plus petit que **Stan**, il peut être mâle ou femelle.

Star

C'est une étoile, une grande et superbe chienne.
Tous les chiens du quartier l'admirent et s'empressent autour d'elle !

Starlet

Toute petite, elle aimait qu'on la prenne en photo...
C'est le modèle réduit de **Star**. Mignonne et aguichante !

Starter

Il démarre au quart de tour...
Toujours prêt pour la promenade. Il est amusant et
gentil.

Stella

Elle aime la bonne bière.
C'est une grande chienne aux yeux limpides.

Stem

C'est un grand chien de garde ou de police.
Sûr de lui et un peu batailleur.

Steph ou Stef

Nom très bref qui convient bien à un chien de chasse ou
de garde.

Sticky

Petit chien fluet et fragile.
Il est très vif et très intelligent.

Stocky

Un chien de petite ou moyenne race.
Il est très gentil et très obéissant.

Stop

C'est le chien d'un moniteur d'auto-école !
Il obéit si bien à cet ordre que c'est devenu un réflexe...

Story

Vous l'avez recueilli, il a tout un passé... et sûrement beaucoup de choses à raconter, s'il pouvait !

Strogoff

Si vous êtes un passionné de Jules Verne... vous nommerez ainsi votre chien !
Irait très bien pour un *barzoï*...

Strong

C'est un grand chien solide et costaud, qui ne craint rien, ni personne. Ne chahutez pas trop avec lui !

Subtil

Les noms ne manquaient pas pour qualifier son intelligence vive, vous avez retenu celui-ci car il correspond bien à sa personnalité.

Sucette

Est une chienne, mignonne à croquer, une vraie douceur, les enfants en raffolent!

Suffix

C'est le chien qui est venu s'ajouter à la famille.
Petit chien mâle.

Sugar

Signifie «sucre» en français.
Avec **Sucette**, votre maison risque de se transformer en bonbonnière!

Sultan

Assez classique comme nom pour un grand chien.

Superboy

Il y a beaucoup de boy, pourquoi pas un Superboy?
Pour un grand chien.

Superman

Le héros des enfants et leur compagnon de jeu.
Attention qu'ils ne le laissent tomber du cinquième étage
pour voir s'il vole!

Surf

C'est le chien d'un amoureux des vagues.
C'est un chien qui adore l'eau et qui n'a pas peur de boire
la tasse.

Surgeon

Le chien d'un chirurgien ou d'une infirmière de salle
d'opération qui veut se défouler.

Sursis

C'est le chien d'un militaire ou celui d'un condamné!

Suzy

Petite chienne espiègle et amusante. Je vois un *bichon*
avec nœud dans le toupet!

Suzon

Alors, là, c'est le modèle au-dessus!
Une brave chienne affectueuse et amicale.

Swann

Si vous aimez l'atmosphère des romans de Marcel Proust.
Pour une grande ou moyenne chienne.

Sweet

Encore une douceur!
Gentille chienne, très reposante et très appréciée.

Swift

Il file comme le vent, il est très rapide.
Pour un chien de course.

Swing

Quand il court nonchalamment, il a un mouvement de balançoire... c'est très amusant!

Switch

C'est un tout petit chien, tout rond et bien sympathique.

Syndic

C'est la suite de la concierge; il est toujours dans l'escalier!

Syphilis

Oh! la vilaine bête! C'est la chienne d'un médecin ou d'une «professionnelle»!

Syrup

Il est couleur miel, il est très doux et très coulant de caractère...

Tabac

On vous l'a offert pour vous arrêter de fumer ! D'ailleurs il ne supporte pas la fumée qui le fait éternuer...

Tabou

C'est un sujet dont on ne parle pas.
C'est aussi un petit chien sympathique.

Tacky

C'est un petit chien qui vous suit partout et ne vous lâche pas d'une semelle.

Tacot

Il est un peu poussif et un peu rétro!
Un bon gros chien.

Taffy

Une petite chienne couleur acidulée, c'est l'amie des enfants.

Taï-dit

Signifie «petite chienne» en touareg.
Nom assez original.

Taïga

Pour une grande chienne.
On l'imagine courant dans les vastes plaines.

Tam-tam

C'est le chien-relais des aboiements du quartier! La gazette locale...

Tangerine

Une petite chienne très pétillante et assez exubérante.

Tango

L'œil langoureux, le toupet gominé... il se dandine en rythme.
C'est un beau chien sûr de son charme.

Tantinet

C'est un chien mâle, un peu efféminé...

Tapin

Il a de drôles d'habitudes... il fait le beau pour avoir quelque chose.
C'est un chien bien malin.

Tappet

Signifie «poussoir de soupape».
C'est un petit chien très utile pour se défouler!

Taquin

Il vous fait marcher... il adore cela et vous aussi!

Tarass Boulba

C'est un chien cosaque, il a un tempérament de feu, le

crâne lisse et l'air renfrogné... c'est peut-être un *boule-dogue!*

Tarrou

C'est la «peste» de Camus!
Mais pas votre chien, il est bon et affectueux...

Tartan

C'est un chien écossais.
Si vous lui mettez un manteau d'hiver, pensez à ses couleurs!

Tartare

En mythologie grecque, c'est le «fond des enfers», autrement dit encore un chien à l'aspect terrifiant!

Tartarin

Alphonse Daudet en a fait un sympathique héros.
C'est un bon gros chien, très vantard et pas très courageux!

Tartuffe

C'est un chien qui fait ses coups en silence, mais on arrive bien à le coincer!

Tarzan

Sa copine s'appelle **Jane**.
C'est un chien très agile, peut-être un peu primitif dans ses réactions.

Tawny

C'est un grand chien de couleur fauve... il n'a heureusement pas de crinière !

Tchen

Pour un *pékinois*, ou un chien qui vous rappelle «la condition humaine» d'André Malraux.

Teddy

Il ressemble à un ourson.
Plein de poils, il est tout rond et tout doux.

Télémaque

Encore un chien mythologique... c'est un jeune chien, fougueux et plein de vie !

Télex

C'est le chien d'un employé des postes.

Il pourrait presque aboyer en abrégé ou en code...

Tempest

Ce n'est plus un chien, c'est un ouragan...
Il emporte tout sur son passage.

Templar

Son copain c'est **Simon**, vous avez ainsi **Le Saint**.
C'est un grand chien placide mais efficace.

Tempo

C'est le chien d'un musicien.
Un grand ou moyen chien.

Tender

Signifie «tendre» en français.
Pour un mâle ou une femelle.

Ténor

Il a de la voix pour aboyer.
C'est un grand chien râblé.

Terreur

Il la sème dans le quartier... c'est devenu un jeu pour lui. Mais il n'est pas si terrible

Thermos

Il n'a jamais froid et vous sert de bouillotte l'hiver.

Thésée

On ne peut pas dire que son copain soit **Minotaure**! C'est un chien-héros, courageux et téméraire.

Thief

Il est un peu voleur. Mais c'est un bon grand chien.

Thorny

Tout en poils durs et piquants. C'est un chien brosse.

Thunder

Son aboiement gronde comme le tonnerre! Et rien que cela suffit à faire fuir les intrus.

Tibia

Si vous avez deux petits chiens, vous pourrez appeler l'autre péroné.
C'est un chien pas très gros, plutôt tout en os!

Tickle

Un chien très amusant, surtout parce qu'il craint les chatouilles! Il rigole rien qu'en se grattant.

Tic-tac

C'est un chien qui vous réveillera le matin, si vous avez du mal à le faire.

Tiercé

Pour un amateur de courses de chevaux, qui se fera un petit plaisir en appelant ainsi son chien. Peut-être pour forcer la chance!

Tiger

C'est un grand chien fauve à rayures. Il n'a heureusement pas l'air très féroce!

Tilda

Ce nom vient de Clothilde.
Pour une jolie chienne, de couleur claire et très douce.

Timour

Un personnage de bande dessinée.
Pour un grand chien roux.

Tina

Pour une belle grande chienne qui aussi pourrait être rousse. Un *setter* par exemple.

Tintin

Son copain c'est **Milou** !
C'est un bon chien intelligent et affectueux, même s'il n'a pas de pedigree.

Tiny

Signifie «minuscule» en français.
Ce sera un mâle ou une femelle de modèle réduit.

Tipsy

C'est le chien d'un vigneron. Il a tendance à tituber en marchant.

Tipsy, c'est «émêché» en français.

Tiptop

Ce nom a une curieuse résonance! On voit très bien un chien gambadant sur trois pattes pour se donner un genre...
Il sera petit ou moyen.

Tire-fesse

C'est le chien d'une dame âgée; il l'aide à monter les côtes...

Tirelire

Il ressemble à un chien de porcelaine en forme de tire-lire.

Titan

C'est un grand chien, impressionnant par sa force surcanine!
Pour un mâle du genre *dogue allemand*.

Titbit

C'est une petite bête affectueuse et fidèle.
Elle est toute douceur.

Titi

C'est le parigot! Le chien des rues.
Connu de tout son quartier, il est familier des commerçants.

Titus

Pour un grand chien ayant un bon pedigree.
Il sera puissant et efficace.

Toine

Plus court qu'Antoine, c'est un bon chien dont la race n'est pas très définie.

Toinet

C'est un **Toine** en plus petit, en plus malin et en plus dégourdi.

Toison

C'est un chien tout en poils.
Il est si poilu que l'on voit à peine ses yeux!

Tom

C'est un grand chien.

Il est si grand, que pour s'amuser on l'appelle parfois **Tom Pouce**!

Tomate

Il est tout rond, pas rouge évidemment... mais il est si timide qu'on croirait qu'il le devient!

Tomboy

Il est moins grand que **Tom**. mais c'est un bon copain pour vos enfants.

Tommy ou *Tommix*

Encore des petits noms dérivés de **Tom**.
Pour des petits chiens amusants et fort sympathiques.

Tom Pouce

Si vous avez deux chiens ayant une différence de taille importante, vous pourrez appeler l'un **Tom** et l'autre **Pouce**!

Tonic

Son copain pourrait s'appeler **Gin**.
C'est un chien très vivant et très pétillant!

278

Tonnerre

Il gronde sourdement... ce qui suffit parfois à désarmer les voleurs. C'est un bon chien de garde.

Tonus

Il serait très amusant de nommer Tonus, un chien lymphatique et pas très nerveux, ce qui lui en donnerait peut-être un peu!

Tony

Pour un chien de taille moyenne ou petite.
Très vif et très intelligent, il ne se laissera pas faire!

Topaze

Les parfums du Midi, le soleil... et Marcel Pagnol vous ont peut-être inspiré ce nom.
Il sera fidèle et attendrissant.

Tornade

Il soulève beaucoup de poussière dans ses déplacements! C'est un chien plein de vie. Gare aux bibelots!

Tosca

C'est le chien d'un amateur d'opéras et plus particulièrement de Puccini.
Pour une femelle de grande taille.

Totem

Avec **Scalp**, cela fait une bonne paire d'amis!
Avec ce nom-là, vous êtes sûrement un amateur de westerns...

Toubib

Pour le chien d'un médecin.
Il est de taille moyenne et très bon compagnon.

Toubeau

Il est beau et il le sait.
C'est un chien de race et le meilleur des compagnons.

Toufou

Un peu sot et assez difficile du côté obéissance.
Jeune, il vous causera quelques problèmes.

Tournesol

Très intelligent mais pas très beau.
C'est un bon chien.

Toutou

Un nom tout simple, il fallait y penser !
Pour un petit chien sans prétention.

Toy

C'est un véritable petit jouet.
Le compagnon rêvé des enfants.

Trac

C'est le chien d'un comédien.
C'est peut-être aussi un chien pas très courageux.

Tramp

C'est le copain de **Lady**.
Il n'est pas spécialement beau, pas tellement racé, mais adorable.

Tréma

Il a deux petits points au-dessus des yeux.
Mâle ou femelle, de taille indifférente.

Trémolo

Il adore creuser des trous dans le jardin, peut-être qu'un jour...

Tribord

C'est le chien d'un marin qui a un penchant pour lui.
Son copain c'est **Bâbord**.

Triboulet

C'est le chien d'un bijoutier.
Un petit chien bien sympathique.

Trick

Un nom assez bref, parfait pour un chien de chasse ou de garde.
Un mâle de taille moyenne.

Tricky

Plus petit que le précédent, il sera un peu moins obéissant.

Trictrac

Pour un passionné du jeu.
Il sera peut-être son porte-bonheur!

Trim

Nom bref pour un grand chien, fidèle et bon.

Trissotin

Petit chien très malin, pas très obéissant.
Il faut l'appeler trois fois avant qu'il ne réponde.

Tristan

Si vous êtes un admirateur de Wagner et si vous avez un couple, vous pourrez appeler la femelle **Isolde**.

Troc

Vous l'avez peut-être échangé contre une promesse...

Trollop

Pour un bon gros chien, à la démarche un peu lourde.
Il sera bon et fidèle.

Trompette

C'est une petite femelle amusante et pétulante qui a une façon bien à elle d'annoncer les visiteurs !

Trottinette

Elle ne se presse jamais, elle a son rythme, elle trottine à petits pas !

Troublion

Il a l'art de semer la zizanie, partout où il passe.
Mais il a des moments de grande tendresse.

Troufion

C'est le chien d'un militaire ou d'un officier.
La mascotte de la caserne.

Truand

C'est vraiment un chef de meute.
Méfiez-vous, il est un peu voleur.

Truc

Il les connaît tous pour arriver à ses fins!
Un petit chien très malin et très agile.

Truck

C'est un gros et grand chien, un peu encombrant, mais
qui tient une petite place dans votre cœur.

Truffe

C'est un chien de chasse.
Il a la sienne bien développée et un odorat plus que fin.

Tsar

Je ne vois qu'un *barzoï* portant ce nom.
Il se doit d'avoir un pedigree impressionnant.

Tubby

C'est un chien très rondelet et très gourmand.
Sa ligne est à surveiller de très près!

Tuft

C'est peut-être un *cocker* au toupet très abondant et
rebelle.
C'est un mâle de taille moyenne.

Tulipe

Pour changer, vous l'appelez de temps à autre **Fan-Fan**!
C'est un chien intrépide et très vivant.

Tumbler

C'est un chien acrobate!
Il grimpe partout et n'a peur de rien.

Turelure

Il n'a pas beaucoup d'imagination, pour qu'il
comprenne, il faut toujours répéter le même refrain!

Turkey

Signifie «dinde» en français! Ce n'est pas très aimable de l'appeler ainsi!
C'est une brave femelle, très fidèle.

Tusk

C'est un bon chien de garde ou de défense.

Twain

Si vous aimez les romans d'aventures et Mark Twain en particulier, alors vous appellerez ainsi votre chien.

Twiggy

C'est le nom d'un petit chien intelligent, qui pige vite (to twig). Un *caniche* nain, tout noir et tout vif, porterait très bien ce nom.

Twist

Si vous avez la nostalgie des années 61-62, alors vous nommerez ainsi votre chien.

Typhon

Entre Typhon, **Tornade** et **Tempête**, si vous avez les trois, alors vous n'avez plus qu'à laisser la clé sur la porte, le ménage sera fait!

286

Ubu

C'est le roi des chiens. Il est superbe et surtout irrésistible de drôlerie!

Ugly

Il n'est pas beau, mais très attachant.

Ugo

Un grand chien de garde, un nom qui claque bien pour un chien de chasse aussi.

Uhlan

Cela rappelle d'autres temps, mais c'est un beau grand chien.

Ulric

Convient pour un *épagneul breton* ou un chien de taille moyenne.

Ulrich

Pour un chien déjà assez grand.
Son nom résonne bien.

Ulster

Pour un *setter irlandais.*

Ulysse

Sa compagne s'appelle **Pénélope**.
Il adore les voyages et les longues promenades et ne sera pas pressé de rentrer!

Undress

Pour un chien qui n'a presque pas de poils!

Unknow

De race ou de père inconnu. Mais comme c'est un bon chien!

Unlucky

Il n'a jamais eu de chance jusqu'à présent, mais peut-être maintenant que vous l'avez recueilli?

Unusual

Signifie «inusité» en français.
C'est votre premier chien, vous êtes son premier maître... alors quoi de plus nouveau!

Upset

Pour un petit chien très discret et très mignon, qui ne vous causera pas beaucoup de dérangement.

Ursule

Pour une grande chienne, un peu gauche mais douce et dévouée.

Ursus

Pour un grand chien de garde ou policier.

Urus

Pour un grand chien, pas très raffiné, à l'air bovin!

Usufruit

C'est le chien du notaire. Il en a hérité!
C'est un bon chien fidèle.

Vadius

Pour un grand et beau chien. Un mâle de préférence.

Vadrouille

Pour celui que vous cherchez toujours.
Chien de taille moyenne, mâle ou femelle.

Vagabond

Pour le même que le précédent mais plus grand et de race mâle.

Vaillant

Pour un chien de garde intrépide.
Mâle et de grande taille.

Valentin

Pour un petit chien mâle, mignon comme un cœur.
Vous n'oublierez plus sa fête.

Vandale

Pour celui (ou celle) qui saccage tout.
Mais c'est un nom gentil.

Vanessa

Pour une grande chienne élégante et aux longs poils.

Vanguard

Celui qui est toujours à l'avant-garde.
Ce sera un bon gardien calme, de grande taille et costaud.

Vanity

Une jolie petite chienne coquette et fanfaronne.

Vaurien

Ce n'est pas une injure, c'est tout simplement une façon
très tendre de lui reprocher ses petits torts !

Velours

L'expression «doux comme du velours» s'adapte très
bien à ce chien que l'on ne cesse de caresser.

Velvet

C'est le même, version anglaise !

Vendredi

C'est le compagnon de **Robinson**.
C'est aussi le jour du poisson et il s'en souvient bien !

Ventouse

C'est le chien qui ne vous quitte pas d'une semelle !
Il (ou elle) n'aime pas son autonomie.

Vénus

Elle se doit d'être belle.
J'ai connu un *cocker* qui était toute douce et discrète-
ment affectueuse.

Verdict

C'est le chien d'un juge.
C'est un chien implacable mais fidèle.

Vérole

C'est le chien d'un médecin.
En public vous pourrez toujours le siffler !

Vésicule

Il ne se fait pas de bile, il n'a peut-être pas tort !
Pour un mâle ou une femelle.

Véto

C'est un chien un peu contrariant, et pas très obéissant !
Un grand mâle de préférence.

Vic

Plus simple que Victor et surtout plus court pour un
chien de garde ou de chasse.

Vicky

Une gentille chienne de taille moyenne. Très affectueuse.

Vidange

Il fait pipi contre tous les poteaux... ou c'est le chien d'une station-service!

Vidéo

C'est le chien qui, comme son maître, fréquente beaucoup les plateaux de télévision!
Peut-être le verra-t-on un jour sur le petit écran!

Vido

C'est le chien qui vous rappellera vos vacances en Italie...
C'est un mâle et de grande taille.

Vigie

Il passe son temps à surveiller tout ce qui se passe dehors.
C'est un bon gardien.

Vinasse

Il a la truffe rouge... c'est ce qui vous a inspiré!
A part cela il n'a pas de vices!

Violaine

Une gentille chienne, racée et qui a beaucoup d'allure.

Vingtras

En souvenir de l'écrivain Jules Vallès.
Pour un grand chien, mâle de préférence.

Virgile

Si vous connaissez vos classiques, et les poètes latins.
Pour un grand chien, très modeste et très placide.

Virgule

Pour un mâle ou une femelle, de toute petite dimension,
très vif et très remuant.

Virus

C'est le chien d'un médecin.
Il a l'enthousiasme très contagieux!

Vison

Peu importe sa couleur, il a un poil d'une extrême
douceur.
Il est de petite taille.

Vitriol

Il fait des trous partout, il a un tempérament de feu.
Gardez votre calme!

Vlan

C'est un chien très nerveux et très rapide.
Un bon chien de chasse.

Vodka

Encore un chien de l'Est.....
Celui-ci sera de taille moyenne, mâle ou femelle.

Volcan

De nouveau un tempérament de feu... il a souvent des
colères brusques mais il a bon fond.

Voleur

Il a sûrement été indélicat étant petit... et ce nom lui est
resté! Il est si gourmand qu'il ne peut résister à la tenta-
tion....

Volpone

Un nom à petit accent italien... pour un chien dont la
ruse est digne d'un renard!

Vorace

«L'appétit vient en mangeant» est sa devise, aussi il dévore tout ce qui se présente, il n'est pas gros pour autant....

Voyelle

Une petite femelle, toute fine et toute légère.

Voyou

C'est un chien des rues.
Mais c'est tout de même un «tendre voyou»!

Vrac

Nom très court, qui claque sec pour un chien de garde ou de police.

Wagner

Pour un chien de garde, à l'allure imposante et puissante.

Waiter

Signifie «garçon» en français.
Pour un mâle bien entendu, de taille moyenne.

Wanted

Fugueur de nature, on vous l'a ramené contre une récompense... alors ce nom s'imposait !

Warning

C'est un bon chien de garde, qui avertit (to warn) en cas de danger.
Un mâle costaud et doux.

Wary

Pour un mâle ou une femelle de taille moyenne.
Elle (ou il) est très prudente.

Watch

Avec lui, l'heure c'est l'heure.
N'oubliez surtout pas l'heure de la promenade !

Watt

C'est le chien d'un électricien...
Son copain s'appelle **Volt**.

Web

Petit nom, court pour un chien de chasse ou de garde.

Welcome

Il vous accueille toujours chaleureusement.
Il n'est pas très bon gardien.

Western

Il était une fois dans l'ouest..... un chien intrépide, aimant les grandes plaines et la chasse.

Wharf

Il est presque de race pure et il a un aboiement assez sourd.

Whip

Drôle, amusant, court et facile à comprendre pour un petit (ou moyen) chien, même s'il n'est pas trop futé.

Whisky

Nom assez courant pour petits chiens ou chiennes.

Whopping

On imagine un beau grand chien à longs poils : on aurait aussi pu l'appeler **Mop**.

Wiggy

Petite chienne un peu timide, qui panique vite.
Elle est mignonne et affectueuse.

Wild

Pour un chien de chasse ou un chien un peu sauvage.
Ce nom claque bien. A prononcer à l'anglaise.

Will

C'est un chien volontaire et tenace.
Un bon gardien certainement.

Willy

C'est un bon grand chien, à la fois costaud et affectueux.

Windy

Une chienne moyenne ou grande, sage... exemplaire.

Winnie

Drôle, pleine de fantaisie; elle est si petite qu'on la
prendrait pour une souris!

Witch

C'est une chienne (ou un chien) un peu sorcière.
Elle a de longs poils noirs et ses yeux vous envoûtent.

Witty

Une petite chienne pétillante d'intelligence.
Même si elle n'a pas un pedigree éblouissant.

Wolf

C'est un nom assez courant pour un *chien-loup* ou un *berger*.
Ce nom fait déjà peur, mais méfiez-vous, en l'appelant, de voir accourir... quinze chiens !

Wonder

C'est une merveille de chien, il (ou elle) est le plus beau.
Il est de plus inusable, sauf si l'on s'en sert.

Wonky

Il est amusant et marche un peu de travers.
C'est un petit chien affectueux.

Xavier ou Xave

Gentil nom pour un mâle de taille moyenne.

Xenakis

Pour un chien musicien... ou une chienne.

Xénon

Pour un *basset* qui a des crises d'aérophagie.

Xénophobe ou *Xénophile*

Pour un chien bien de chez nous... ou pour celui qui n'aime pas voyager.

Xénophon

Son copain s'appelle **Socrate**.

Xérès

Il boit trop. Lui ou son maître !

Xérus

Il ronge tout : des pieds de la table aux meilleurs os.

Xylane ou *Xylène*

Pour une chienne de race et très douce.

Xylophone

Pour un chien bruyant.

Yacht

C'est votre rêve, il est grand, élancé et racé.
Il est blanc et ses longs poils flottent au vent.

Yann

Plus sec et plus court que **Yannic**, convient mieux si vous
voulez le faire chasser.

Yannic

C'est un *épagneul breton*.
Il a le pied marin... ou plus simplement vous aimez la
Bretagne.

Yard

Bon chien de chasse qui est infatigable.
Il vient d'ailleurs de Scotland et c'est un fin limier (!)

Yoga

C'est un chien calme et paisible.
Il ou elle a l'habitude de prendre des postures un peu curieuses.

Yoke

Un véritable chien de trait, tant il est grand et puissant.
Bon nom pour un chien de garde.

You

Le copain de **Only**.
C'est un petit chien (ou une petite chienne) adorable.

Youri

C'est un grand chien de garde ou de chasse.
Il est beau : c'est un *braque* ou un *setter*.

Youyou

C'est le petit chien d'un marin ou le petit compagnon d'un grand chien.

Petit chien mâle.

Yoyo

C'est un chien jouette, il rapporte tout ce que vous lui lancez, comme s'il était tenu par un élastique !

Yvo

C'est un grand chien de teinte sable. Il a la couleur des blés... ou des plaines du Nord.

Yucatan ou Yuck

Pour un chien nerveux et qui n'aime pas attendre.

Zadig

Son copain s'appelle **Candide** (ou sa copine).
Vous aimez Voltaire et cultivez votre jardin !

Zanzi

C'est le chien (ou la chienne) d'un joueur.
Son copain s'appelle **Poker** ou **Nénette**.

Zazie

Jolie chienne, si petite que vous l'emmenez dans le métro
sans qu'on la voit !
Elle est un peu arsouille.

Zazou

C'est un *caniche* qui se doit d'avoir un toilettage un peu rétro.
Il est nain ou moyen.

Zénith

Il est tout rond, comme l'astre solaire.
C'est un gros chien, heureux de vivre.

Zénon

Ce chien est libre comme l'air, il ignore suprêmement ce qu'on essaye de lui apprendre. Mais il est bon.
C'est un chien noir.

Zéro

Il n'est pas grand mais c'est un bon chien.
Celui que j'ai connu s'appelait officiellement **Zorro**, mais n'en avait pas vraiment les qualités!

Zig

Son copain s'appelle **Puce**. Il pourrait aussi s'appeler **Zigotto**.
Un chien marrant, de taille moyenne.

Zigzag

Il ne connaît pas bien la ligne la plus courte d'un point à un autre.
Il marche en reniflant partout.
Petit chien mâle.

Zizi

C'est une petite chienne (ou un petit chien) toute mignonne et affectueuse. Un peu excitée peut-être.

Zob

Je ne dirai pas ce que c'est, mais c'est le nom d'un grand chien mâle.
Si vous êtes gêné, en public vous l'appellerez «mon pauvre Job»!

Zodiac

Peut aussi s'écrire **Zodiaque**.
C'est le chien d'un astrologue. C'est peut-être aussi un chien pneumatique comme le canot du même nom!

Zoé

Convient d'habitude pour les tortues, mais pourquoi pas pour une grande belle chienne.
Elle sera toute douceur.

Zombie

C'est le chien qui n'est pas très vif; il est grand, gros, bon, mais il a la démarche nonchalante et indécise...

Zona

Il se gratte beaucoup (il ou elle), ce serait plutôt une femelle.
De grande taille et très fidèle.

Zorro

Il arrive dès qu'on l'appelle.
Un grand chien noir, costaud et intrépide... il n'a peur de rien.

Zut

C'est le dernier chien de notre dictionnaire, mais il n'en sera pas moins sympathique pour autant!
C'est un mâle de race indéterminée et de caractère insouciant.

Quelle année? Quelle lettre?

A chaque année correspond une lettre, l'année en gras concerne la France, l'année B et italique concerne la Belgique.

1985   *B. 1976*   1986   *B. 1977*

1987   *B. 1978*   1988   *B. 1979*

1989   *B. 1980*   1990   *B. 1981*

B. 1982

B. 1983

1973

B. 1984

1974

B. 1985

B. 1986

1975

B. 1987

316

1976   *B. 1988*

1977   *B. 1989*

1978   *B. 1990*

1979

1980

317

1981

1982

1983

1972-1984

IMPRESSION : BUSSIÈRE S.A., SAINT-AMAND (CHER). — N° 1160.
D.L. JUIN 1982/0099/108

ISBN 2-501-00256-3

Imprimé en France

marabout service

Maison, jardin, bricolage

Le dictionnaire Marabout des **antiquités et de la brocante**, A. SAINT-CLAIR	MS 148
Le guide Marabout de l'**aquarium**, H. FAVRE	MS 77
L'**aquarium** d'eau de mer, H. FAVRE	MS 359
Mon **premier aquarium**, H. FAVRE	MS 441
Le guide Marabout du **barbecue**, E. JANVIER	MS 355
L'encyclopédie du **bricolage** :	
T.1.	MS 198
T.2.	MS 199
Brocante, antiquités (manuel de l'amateur), J. BEDEL	MS 376
Dictionnaire médical du **chat**, S. Schneck & Dr. N. Norris	MS 445
Le guide Marabout des **chats**, J. FREYDIGER	MS 246
Dictionnaire médical du **chien**, S. SCHNECK & Dr. N. NORRIS	MS 446
Le guide Marabout des **chiens**, J. FREYDIGER	MS 32
Votre **chien** : le dresser, l'éduquer, M. SIEGAL & M. MARGOLIS	MS 253
Les **chiens de chasse**, M. VAN HAVRE	MS 473
Le guide Marabout de la **couture facile**, M.T. VAUTHIER	MS 380
Tricot, **crochet facile**, C. COTTI	MS 448
Le guide marabout de l'**électricité**, G. ANDRE	MS 518
Le guide marabout de l'**énergie solaire**, R. BACQ	MS 495
L'**homéopathie vétérinaire**, Dr L. MOUSSET	MS 486
L'encyclopédie du **jardinage** :	
T.1. : les fleurs	MS 232
T.2. : les arbres, légumes et plantes	MS 233
l'Almanach du **jardinier**	MS 425
Le **jardinier du dimanche**, O. BAILLY	MS 361
Apprendre la **menuiserie** par la bande dessinée, J.C. SALEMI	MS 357
Le guide Marabout des **oiseaux de volières**, M. VAN HAVRE	MS 443
Les **plantes d'appartement**, J.J. GOULAIS	MS 442
L'encyclopédie des **styles** T.1.	MS 212
L'encyclopédie des **styles** T.2.	MS 213
Tricot, crochet facile, C. COTTI	MS 448
Trucs et procédés du bois, J.P. COUTRAIT	MS 354